*NOVAS VEREDAS
DA PSICOLOGIA SOCIAL*

SILVIA T. MAURER LANE
BADER BURIHAN SAWAIA
(ORGS.)

NOVAS VEREDAS
DA PSICOLOGIA SOCIAL

editora brasiliense

copyright © by Silvia T. Maurer Lane e Bader Burihan Sawaia, 1994
Nenhuma parte desta publicação pode ser gravada,
armazenada em sistemas eletrônicos, fotocopiada,
reproduzida por meios mecânicos ou outros quaisquer
sem autorização prévia do editor.

Primeira edição, 2006
2a reimpressão, 2015

Preparação, revisão e fotolitos: *Equipe EDUC*
Produção: *Eveline Bouteiller Kavakama*
Capa: *Patrícia Fernandes*
Fotocomposição: *Helvética Editorial*

Dados Internacionais de Catalogação na Publicação (CIP)
(Câmara Brasileira do Livro, SP, Brasil)

Novas veredas da psicologia social / Silvia T.
Maurer Lane Bader Burihan Sawaia (org.).
São Paulo : Brasiliense ; Educ, 2006. Vários autores.

ISBN 9788511150048 (Brasiliense)
ISBN 978851100714 (EDUC)

1. Psicologia social I. Lane, Silvia T. Maurer
II. Sawaia, Bader Burihan.

063013   CDD 302

Índices para catálogo sistemático:
1. Psicologia Social   302

EDUC Editora da PUC/SP
Rua Ministro Godói, 1213 – CEP 05015001 – São Paulo – SP
Fone/Fax: (11) 38733359
educ@pucsp.com.br

editora brasiliense ltda.
Rua Antônio de Barros, 1839
Tatuapé - São Paulo - SP
CEP 03401-001
www.editorabrasiliense.com.br

SUMÁRIO

Silvia T. Maurer Lane e Bader Burihan Sawaia. Apresentação, 7

Parte I — A Questão dos Paradigmas nas Ciências Humanas

Iray Carone. A questão dos paradigmas nas ciências humanas e o paradigma da estrutura das objetivações sociais de Agnes Heller, 11

Luís Gonzaga Mattos Monteiro. Objetividade x Subjetividade: da crítica à psicologia à psicologia crítica, 23

Bader Burihan Sawaia. Psicologia Social: aspectos epistemológicos e éticos, 45

Silvia T. Maurer Lane. A mediação emocional na constituição do psiquismo humano, 55

Parte II — Avanços da Psicologia Social na América Latina

Silvia T. Maurer Lane. Avanços da Psicologia Social na América Latina, 67

Maritza Montero. Estratégias discursivas ideológicas, 83

Maria A. Banchs. O papel da emoção na representação do *self* e do outro em membros de uma família incestuosa, 97

Silvia T. Maurer Lane e Denise de Camargo. Contribuição de Vigotski para o estudo das emoções, 115

Parte III — Pesquisando a Emoção

Silvia Friedman. Uma aproximação metodológica ao estudo das emoções, 135

Mónica Haydée Galano. As emoções no interjogo grupal, 147

Bader Burihan Sawaia. Dimensão éticoafetiva do adoecer da classe trabalhadora, 157

APRESENTAÇÃO

Há quase dez anos Wanderley Codo e eu organizamos o *Psicologia Social — o homem em movimento,* onde definíamos pressupostos teóricos e apresentávamos alguns dados de pesquisa. Hoje, apresento junto com Bader B. Sawaia o livro *Novas veredas da Psicologia Social,* que sintetiza as reflexões que vimos fazendo sobre as mudanças no eixo paradigmático da Psicologia Social.

Naquele período, as questões cruciais eram as metodológicas, pois sem pesquisa toda teoria é vã e as indagações avançavam numa epistemologia marxista em busca de uma ciência comprometida com a transformação social. Daí para frente foram tempos de investigação, reflexão e discussão, sempre com muita criticidade.

Foi então que uma série de acontecimentos impôs novas características à Psicologia Social. Poderosos processos de globalização a par de novas formas de diferenciação social e de sociabilidade desafiavam o paradigma das ciências humanas a buscar um novo olhar sobre si mesmo, sobre o homem e sobre a sociedade. Um olhar local e objetivo, mas ao mesmo tempo universal e subjetivo em busca de uma ciência ética comprometida com a emancipação humana.

Novas obras dos psicólogos soviéticos, que orientaram as reflexões contidas no primeiro livro, foram consideradas, especialmente a obra de Vigotski; juntamente com neo-marxistas como Agnes Heller e Jurgen Habermas, abriram novas possibilidades de abordagem da relação objetividade/subjetividade.

Foram dez anos de fermentação de idéias...

O produto que ora apresentamos não significa a conclusão das reflexões, mas contém a possibilidade de alimentar as discussões que hoje se travam na busca de compreensão do processo de constituição do homem, especialmente pela ênfase dos estudos nas mediações psicossociais até então esquecidas na análise da dialética homem/sociedade, como: afetividade e dimensão ético-valorativa.

Nossa trajetória não é solitária.

Descobrimos que nossas preocupações afligem muitos psicólogos sociais da América Latina que conosco partilham o paradoxo contemporâneo. De um lado, a explosão das diferenças, do individualismo, do consumismo desenfreado, do fantástico avanço científico e conseqüente modernização tecnológica e expansão poderosa dos meios de comunicação de massa. De outro, a reprodução em níveis alarmantes da exclusão, da miséria e da marginalização política da imensa maioria da população da América Latina.

O saber humano não é universal nem eterno, e o homem é historicamente situado, bem como os problemas que o afligem. Portanto, a realidade psicossocial não pode ser compreendida por teorias importadas, seja dos Estados Unidos seja da Europa. É preciso conhecer quem é o homem que se constitui nas condições sócio-históricas da América Latina. Não se trata de abandonar o acervo teórico acumulado árdua e rigorosamente pela Psicologia Social, mas de mudar a sensibilidade epistemológica para rever-se à luz dos novos atores sociais, das necessidades, idéias e emoções que objetivam na atividade cotidiana.

Assim, partimos para um intercâmbio intenso com cientistas desta parte do continente, buscando na interlocução a compreensão de como o latino-americano singulariza o universal na constituição particular de sua existência.

E, sem dúvida, a contribuição de Ignácio Martin-Baró foi de suma importância. Suas obras e sua presença na Sociedade Interamericana de Psicologia marcaram-nos a todos, preocupados com um saber científico voltado para as questões cruciais de nossos países. Há uma grande lacuna neste livro: a de não podermos publicar um artigo seu. Foram muitos, mas o acesso é difícil. Existe uma promessa da EDUC de editar um volume de seus trabalhos sobre Direitos Humanos. Esperemos então que a Psicologia Social tenha a sua contribuição.

Enfim, foram três recursos que se entrecruzaram em todos os momentos de nossa trajetória: reflexões sobre os pressupostos epistemológicos e metodológicos, os questionamentos teóricos decorrentes das pesquisas que realizávamos e os intercâmbios. Daí as três partes em que organizamos a nossa produção neste período: 1ª Parte — Questões epistemológicas e metodológicas; 2ª Parte — Questões teórico-práticas específicas da América Latina e 3ª Parte — Contribuições e pesquisas que operacionalizam questões teórico-metodológicas discutidas nos capítulos anteriores.

Dedicamos esta obra aos nossos alunos, especialmente aos participantes do Núcleo de Pesquisa sobre Consciência e suas Mediações (NPCM), com os quais aprendemos tudo o que está aí.

Silvia T. Maurer Lane
Bader Burihan Sawaia

PARTE I

A QUESTÃO DOS PARADIGMAS NAS CIÊNCIAS HUMANAS

A QUESTÃO DOS PARADIGMAS NAS CIÊNCIAS HUMANAS E O PARADIGMA DA ESTRUTURA DAS OBJETIVAÇÕES SOCIAIS DE AGNES HELLER

IRAY CARONE

Introdução

Parece que o tema dos paradigmas tomou conta da discussão metateórica no campo da Sociologia. Digo metateórica porque, na verdade, ele tem tido como objeto e objetivo o reconhecimento de suposições tácitas a respeito da natureza do mundo social presentes em várias teorias da Sociologia Clássica, desde Comte até Weber e Marx. Assim é que as análises metateóricas têm conseguido explicitar suposições, unificando teorias que até então pareciam muito diferentes entre si. Ou então, explicitando, na obra de um mesmo autor, a existência incongruente de mais de um paradigma.

Sem dúvida, as análises dessa ordem têm como objeto as construções teóricas que pretendem reconstruir, no plano das idéias, ou princípios constitutivos da estrutura da sociedade, a forma de sua integração ou de seus conflitos, o sentido do seu desenvolvimento e a predição do seu futuro. Essas mesmas análises têm explicitado a existência de pelo menos quatro paradigmas na Sociologia Clássica: 1. o paradigma funcionalista; 2. o paradigma fenomenológico ou interpretativo; 3. o paradigma do trabalho e 4. o paradigma da produção.

Sem querer expor o conjunto das asserções ou suposições próprias de cada paradigma, quero deixar claro que tais análises não pretendem caracterizar "escolas do pensamento sociológico", uma vez que atacam a questão do que subjaz às teorias, com instrumentos da Epistemologia e da História das Ciências, inspiradas naquilo que Thomaz S. Kuhn realizou em *A estrutura das revoluções científicas,* década de 60, sobre o processo de constituição de paradigmas nas Ciências Naturais (Kuhn, 1975). É certo que a transposição do tema dos paradigmas das Ciências da Natureza à Sociologia Clássica tem implicado alterações semânticas do conceito de paradigma (Burrell e Morgan, 1979). A

Iray Carone

meu ver, as análises metateóricas têm procurado explicitar as suposições de natureza ontológica e epistemológica das teorias sociológicas — ou seja, as bases matriciais que unificam teorias, a despeito de suas diferenças mais notáveis.

Agnes Heller: um novo paradigma?

Acredito que a obra de Agnes Heller, cuja influência irradia da Sociologia até a Psicologia Social e áreas da reflexão sobre a Educação, no Brasil, tem sido vista para a análise da vida cotidiana, enquanto reduto do particular, em contraposição às análises macrossociais do marxismo clássico que pretendem apanhar a totalidade, ou melhor, fazer a síntese das determinações categoriais do concreto (Marx, 1978c). Para dar conta desse propósito, a autora parece, então, preocupada em elaborar categorias desprezadas pela tradição marxista, tais como indivíduo, necessidades, emoções, sentimentos, etc.

No entanto, os estudos de sua obra, a partir da década de 80, começam a evidenciar que Agnes Heller não é uma autora neo-marxista, a despeito de sua formação fortemente marcada pela herança lukacsiana. Na verdade, ela parece ser, antes de tudo, uma crítica da sociologia marxista, dos paradigmas do trabalho e da produção de Karl Marx, partindo para a construção de um novo paradigma que busca dar conta da natureza do mundo social através da esfera do espaço vital onde se localiza a socialização do indivíduo — no cotidiano. Esse novo paradigma é por ela denominado "paradigma da estrutura das objetivações sociais" (Heller, 1985:69, cap. 2), base matricial de sua teoria do cotidiano.

Nesse sentido, a obra de Heller pós-80 me parece representar o efetivo abandono da sociologia marxista e dos paradigmas da produção e do trabalho. Aliás, torna-se interessante colocá-la na esfera da discussão sobre "a crise dos paradigmas" e das tendências recentes nas Ciências Humanas porque ela parece ser uma legítima representante dessa crise.

Diz Claus Offe que a categoria trabalho tem sido fortemente questionada na Sociologia atual, e que a produção nessa área sofreu uma "viragem" considerável, caminhando para um novo subjetivismo sociológico, que privilegia a pesquisa do cotidiano e a análise da vida e do espaço vital na sociedade.

> Esse questionamento confirma-se ao observar-se inicialmente a tônica temática da pesquisa, das conferências e das publicações atuais nas Ciências Sociais, considerando os pressupostos e os critérios de relevância aí mais ou menos implícitos. Assim procedendo, o exame de documento do campo das Ciências Sociais, como catálogos de editoras, programas de fundações de fomento científico, índice de teses e monografias, permite encontrar diversos indícios pelo menos para a

A questão dos paradigmas... 13

constatação negativa de que o trabalho e a posição do trabalhador no processo produtivo não são tratados como o principal princípio organizador das estruturas sociais, de que a dinâmica do desenvolvimento social não é de antemão conceptualizada como resultante de conflitos em torno da dominação no plano empresarial, de que a racionalidade capitalista industrial da otimização das condições técnico-organizacionais ou da relação meios/ fins econômicos não é suposta como a racionalidade condutora da racionalidade do desenvolvimento social, etc. (Offe, 1989:16)

Diz mais:

Em vista dessas sinalizações e constatações, que já se impõem em uma rápida observação do cenário das publicações e das pesquisas nas Ciências Sociais atuais, não seria demasiadamente audacioso lançar a tese de que a sustentação inamovível (em termos de análise ou politicamente normativos) de modelos de sociedade e critérios de racionalidade centrados no trabalho e na atividade remunerada representa hoje uma posição conservadora. (Offe, 1989:18)

Perguntamos, então: qual é o significado desse deslocamento do ângulo de interesse na pesquisa sociológica para a vida cotidiana? Quais são os motivos sociais e históricos que têm imprimido uma mudança no eixo paradigmático dessas pesquisas em que o trabalho e a produção não aparecem mais como categorias fundamentais na interpretação das estruturas sociais?

Antes de apresentarmos a mudança de ângulo que está presente na obra de Agnes Heller, vejamos como ela analisa os paradigmas do trabalho e da produção na teoria sociológica de Karl Marx.

Os Paradigmas do Trabalho e da Produção segundo Agnes Heller

O paradigma do trabalho aparece nos *Manuscritos* de Paris (Marx, 1978b) de 1844, do jovem Marx, mas subsiste contraditoriamente na sua obra de maturidade junto ao paradigma da produção. O trabalho concebido como a relação metabólica entre o homem e a natureza *(Stoffwechsel)* está baseado no livro Z da *Metafísica* de Aristóteles (1967), capítulos 7 a 9, onde o filósofo examina as quatro causas do trabalho técnico *(techné)* mediante exemplo do artesão esculpindo uma estátua para o templo de Minerva. É importante observar que o trabalho do artesão não pode ser considerado equivalente ao trabalho dos escravos *(banausis),* porque ele sempre supõe a unidade da *noésis* com *a polésis* no sujeito que trabalha; o trabalho escravo representa, ao contrário, a desunião entre ambas, porque a sua finalidade está imposta de fora, dado que o seu trabalho é forçado. A chamada *noésis* é a etapa mental, prévia à realização externa *(poiésis)* caracterizada pela presença das causas formal (idéia) e final (intenção) que comandam o processo laborativo. As causas material e instrumental atuam na etapa da criação do objeto, no caso, a estátua. A matéria, que tem as suas próprias formas e determinações, é um receptáculo da forma imposta pelo artesão. O instrumento atende às exigências noéticas do artesão, subordinando-se à sua vontade e à sua racionalidade. Deste modo, pode-se dizer que a finalidade interna, livre e racional do artesão "pula" do plano ideal para o trabalho material, já que a intenção subjetiva passa para a objetivação do objeto.

Em suma, o trabalho é uma atividade teleológica que impõe uma forma nova à matéria; é uma atividade livre enquanto auto-imposta pelo sujeito que trabalha; é uma atividade que transforma o mundo da Natureza, "em si", num mundo objetivo "para si", ou seja, uma atividade que humaniza a Natureza. Além disso, é uma atividade que subordina a matéria e os instrumentos à vontade, à finalidade e à racionalidade humanas. De qualquer maneira, é uma atividade individual do artesão que o relaciona com a natureza ou com outros produtos — é o *one man show*. (Heller, 1985:67, cap. 2)

Ora, o trabalho assim descrito se processa fora do esquema da produção econômica, sobretudo da mercantil. Marx (1978a: 136) diz no capítulo V de *El capital* que o trabalho entendido como atividade racional encaminhada para a produção de valores-de-uso é uma atividade independente das formas e modalidades sociais determinadas, ou seja, é uma abstração; ele só se efetiva ao ser inscrito num modo de produção determinado.

No modo capitalista de produção, o trabalho só existe depois que a força humana, física e mental, é convertida em força de trabalho — ou seja, uma mercadoria.

A concepção de trabalho contida no paradigma dos *Manuscritos econômicos e filosóficos* do jovem Marx não serve para análise histórica, sobretudo porque, mais e mais, os esquemas da produtividade mercantil dominam praticamente todas as atividades de trabalho. Não há, efetivamente, quase nenhum lugar para uma atividade que produza meros valores-de-uso — é preciso produzir valores-de-uso na forma social de valor-de-troca ou mercadoria. Além disso, as atividades de trabalho se dão, predominantemente, nas relações sociais de produção e não como relações metabólicas de um homem com a natureza.

A célebre expressão de Gláuber Rocha para definir o cinema novo brasileiro como "uma idéia na cabeça e uma câmera na mão" é, sem dúvida alguma, a definição de um cinema que não existe, alheio à indústria cinematográfica dominada pelas determinações próprias do esquema da produção, da distribuição e do consumo dos seus produtos.

A conversão histórica do trabalho em atividades de produção mercantil implicou a alteração do paradigma para a reconstrução teórica do mundo social, com a finalidade de dar conta da lógica ou do movimento do objeto.

As novas suposições sobre a natureza do mundo social são, segundo Heller (1985:61, cap. 2), as seguintes:

— a produção é força motivadora da história humana, ou seja, é a variável independente do desenvolvimento histórico (princípio organizador principal das estruturas sociais e da dinâmica do desenvolvimento social);

— o desenvolvimento das forças produtivas serve como parâmetro de análise da continuidade da história humana, ou seja, do seu progresso com eventuais retrocessos;

— a teoria da contradição entre desenvolvimento das forças produtivas e a relação de produção permite explicar a descontinuidade da história humana;

— a unidade das forças e relações de produção é utilizada como o princípio da periodização, ou seja, permite distinguir os cinco modos de produção subseqüentes — eles poderão ser comparados uns com os outros mediante a aplicação do estágio de desenvolvimento das forças de produção como indicador do progresso;

— o paradigma da produção pode servir como um instrumento de previsão do futuro, ou seja, do colapso do capitalismo e da realização de uma sociedade sem classes.

As suposições paradigmáticas estão a indicar a possibilidade de descrever várias formas históricas de produção e as organizações sociais a elas articuladas, bem como a previsão da forma futura da produção econômica e de sua estrutura social. Afirmam a primazia da produção sobre todas as outras formas de interação e comunicação humanas, a infra e a superestrutura do sistema social, etc.

O paradigma da produção pretende, portanto, não apenas dar conta das formas históricas do trabalho como também das formas históricas da alienação do trabalho. Sob as regras da produção, a finalidade interna ou subjetiva dos agentes da produção estará sem dúvida atada à finalidade externa do objeto, que é a valorização crescente do valor, e submetida aos meios e instrumentos do trabalho.

Em suma, a racionalidade do trabalho foi convertida historicamente em racionalização do trabalho, a liberdade, em heteronomia, a finalidade do sujeito, em finalidade do objeto, o mundo objetivo para-si, em mundo objetivo em si. O crescimento da racionalização nos processos administrados do trabalho humano significou o decréscimo da racionalidade, do ponto de vista do ator individual. Como poderá, pois, o trabalho se tornar, de novo, uma atividade racional e finalista sob uma produção totalmente racionalizada?

O Paradigma da Estrutura das Objetivações Sociais

Diz Heller que os dois paradigmas não podem ser unificados porque têm pressuposições e implicações diferentes na análise do mundo social, mas "esta asserção não inclui a sua unificação num terceiro paradigma que não é idêntico a nenhum dos dois". (1985:69, cap. 2) Sugere que uma estrutura de objetivação possa ser aceita como um novo paradigma, entendida como um complexo que constituí o núcleo da vida social presente em todas as sociedades, mas completamente diversa no que diz respeito ao seu conteúdo particular. Esse núcleo da vida social pode ser chamado de esfera da objetivação em si mesma, que é o conjunto das objetivações ou objetos sociais com os quais os homens têm contato direto desde o nascimento, de modo a sobreviver num dado contexto cultural. Essa esfera tem três componentes básicos: os instrumentos, a linguagem ordinária e os usos/costumes. Desde que esses três só podem ser apropriados conjuntamente, justifica-se falar de uma estrutura de objetivação. O processo de socialização dos homens se dá pela apropriação das objetivações em si, no seu todo; e é nesse processo de apropriação do em si que se dá também a objetivação do indivíduo como um ser social em permanente processo de socialização.

O cotidiano é o espaço vital em que todo ser humano é "jogado", desde o nascimento. É o mundo da cultura do cotidiano, é a esfera das objetivações em si. Por essa razão, a sobrevivência do indivíduo no mundo cultural supõe aprendizagem da linguagem ordinária, dos usos e costumes, bem como da utilização dos objetos.

A vida cotidiana é, pois, o conjunto de atividades que relacionam diretamente o estar-no-mundo de cada um com os objetos que constituem a cultura. É o lugar onde todos nós nascemos, vivemos e morremos, onde nos constituímos como unidade, como indivíduos a reproduzir, de modo particular, as características básicas da sociedade em que fomos jogados. Ora, isso significa que a condição de nossa sobrevivência no mundo é também o que nos limita a existência social. Somos "limitados" ou alienados pelo nosso lugar de nascimento, estrato ou camada social. No entanto, o "aqui e agora" em que fomos lançados nos permite desenvolver capacidades humanas, tais como a manipulação dos objetos, a comunicação, o autocontrole, o tomar decisões práticas, o discernir entre o bom e o ruim, o verdadeiro e o falso, etc.

Ou seja, é no cotidiano que desenvolvemos a razão prática ou bom senso, que consiste na capacidade de observância das normas e regras de nosso meio cultural.

É óbvio, no entanto, que a cultura pode apresentar mais elementos que as objetivações-em-si, que constituem tão-somente a base da vida social e da socialização. As artes, as ciências, as religiões e as filosofias são objetivações de outra ordem (para-si) bem como as inúmeras instituições sociais (em-si-para-si).

O contato com as objetivações, tais como a ciência, a arte, a filosofia e a religião, desenvolve as capacidades da razão prática, porque exige o desenvolvimento da inquietação, do pensamento teórico não-cotidiano, da curiosidade, da concentração das energias físicas e mentais, etc. Ou seja, exige o desenvolvimento da razão teórica. Não é, pois, um *a priori* — a razão teórica se desenvolve a partir da razão prática. O processo de modernização capitalista, no entanto, desvinculou uma da outra, provocando a perversão do intelecto ou a sua alienação. A esse respeito, diz Heller:

> Foi Sócrates quem inventou (e descobriu) a categoria de racionalidade simultaneamente à invenção e descoberta da voz interior da consciência. Como todos os grandes descobridores, ele levou o caso ao extremo. Com o *dictum* de que a virtude pode ser ensinada, ele não só atribuiu onipotência à razão prática, mas identificou o desejo de ser bom com o conhecimento da verdade. Mas de que tipo de verdade se tratava? A própria verdade tem de ser constituída de modo a ser ensinada. E a constituição da verdade deve ser sustentada por meio de argumentos válidos de maneira a poder ser ensinada — tal é o procedimento *sui generís* da filosofia. A invenção da racionalidade nasceu e permanece sendo uma categoria filosófica. (1985:75-6, cap. 3)

O exemplo ou o paradigma de Sócrates quer dizer que primeiro desenvolvemos a razão prática, que nos conduz na vida cotidiana. Depois, aprendemos a pensar sobre os ensinamentos da razão prática e a adquirir a consciência refletida ou autoconsciência da moralidade. Nesse sentido, a (verdadeira) filosofia ou a filosofia que não aliena é a autoconsciência da moralidade. A simples observância das normas sociais não nos converte em seres plenamente conscientes de nossa moralidade. O debate entre pensamento não-cotidiano e pensamento cotidiano é a verdadeira moralidade, condição da vida justa ou vida boa no sentido aristotélico.

Em perspectiva diferente de conhecimento, a arte e a religião sempre vincularam a razão teórica à razão prática porque a matéria-prima da verossimilhança artística ou da reflexão ético-religiosa foi e continua sendo o mundo do vivido.

O hiato profundo entre a razão teórica e a razão prática, produzido pela própria dialética do esclarecimento, significou a perda do poder emancipatório ou iluminatório da filosofia e da ciência. Resgatar a intenção emancipatória é livrá-las da racionalidade instrumental ou estratégica, recomeçando o caminho de volta a casa, ao nosso *Lebenswelt*. Nesse sentido da volta, a vida cotidiana se torna um grande tema da filosofia e da ciência, desbanalizada e constituída no seu estatuto cognitivo.

A pergunta é, agora: em que mundo nós vivemos e aprendemos a viver? Quais são as possibilidades do sujeito individual ou o sujeito - coletivo agirem nesse mundo, de forma consciente e racional, reconquistando a função finalista perdida ao longo da História?

Os sistemas sociais modernos são sistemas de dominação — o que não é novidade. Mas as formas históricas da dominação não são sem pre as mesmas. Antes do advento da sociedade civil, não se podia afirmar a igualdade formal entre os cidadãos, nem mesmo para discutir racionalmente: uma pessoa de nível social inferior não estava autorizada a discutir com uma de nível superior.

Não se pode negar a lógica contraditória às sociedades modernas de economia capitalista e sistema político democrático. Submissão e exploração da força de trabalho pelo capital são as características da economia capitalista. Contraditoriamente, o sistema político e as leis que o regem universalizam, ao menos virtualmente, o direito a discutir para todos. A igualdade na prática social, em que os cidadãos não são efetivamente iguais, por força das determinações econômicas que os coloca em diferentes posições.

No entanto,

> o reconhecimento da igualdade formal nas democracias pluralistas inclui a possibilidade do discurso para todos. O direito, entretanto, não pode ser levado à prática de uma maneira imediata, O sistema social é de dominação e a parte dominante não pode ser movida a uma argumentação ou a aceitar algum tipo de reciprocidade, a menos que se force a prestar atenção. (Heller, 1984:295)

A possibilidade da ação ou da práxis está garantida formalmente na letra da lei. No entanto, não é fácil superar as condições de dominação social, impostas e aprendidas ao longo da vida cotidiana, em que somos limitados à adaptação do nosso agir às regras do jogo que não nos pertencem, que existem "em si".

De que maneira a razão teórica pode recuperar a sua vocação socrática de não separar o verdadeiro do bom e do belo para os homens, sobretudo para aqueles subjugados ou excluídos da produção material dos bens?

Não se pode negar o compromisso prático da razão teórica em Marx. Heller, ao interpretar a obra de Habermas, diz:

> Habermas é muito cético a respeito da 11ª tese de Marx sobre Feuerbach segundo a qual, até o presente, os filósofos interpretam o mundo, mas se trata agora de mudá-lo. O seu ceticismo está mais do que justificado. Como todos os paradoxos, tampouco este deve ser tomado ao pé da letra, superficialmente. A teoria crítica interpreta o mundo com a intenção de mudá-lo. Esta intenção de mudança (numa direção determinada, por suposto) é um elemento básico de interpretação. Entretanto, a atitude teórica é diferente da atitude prática ainda que a intencionalidade seja prática. Eliminando esta diferença se elimina a própria teoria e se promove uma prática guiada por resíduos ideológicos e normas pragmáticas. (1984:289)

Qual era, pois, a intencionalidade prática da construção teórica de Marx? A emancipação do homem historicamente dominado por condi-

A questão dos paradigmas... 19

ções objetivas realizadas pela produção capitalista. O bem do homem foi, portanto, um elemento básico da interpretação sociológica e econômica. O que se perdeu depois, quando o próprio marxismo se deixou conduzir pela mera racionalidade estratégica na escolha de meios, sem a reflexão ética dos meios. (Heller, 1989:103-30)

Agora analisaremos um ponto no qual Heller e Habermas se distanciam de Marx, embora mantenham, com vigor, a intenção emancipatória e prática como elemento básico da interpretação teórica do mundo social capitalista.

Se uma teoria está dotada de intencionalidade prática, a quem ela se dirige como interlocutor e agente da prática enunciada? Parece que há uma identidade não casual entre as suposições básicas da teoria e o seu destinatário. Daí que:

> o teorema básico da teoria marxiana era o papel histórico-universal do proletariado, que era o ponto focai do sistema a partir do qual poderia ser resolvido o enigma da história. Todos os problemas teóricos específicos são pensados à luz desta premissa (o trabalho enquanto substância se converte em sujeito; as forças produtivas rompem as relações de produção; a propriedade privada será abolida e a propriedade se generaliza, se realiza a liberdade, toda humanidade é emancipada; começa o fim da pré-história, etc). (Heller, 1984:289-90)

Não é, portanto, de se espantar que a categoria trabalho tivesse sido tomada, por Marx, como o principal princípio organizador das estruturas sociais... Razões históricas mais que suficientes existiam para considerar o proletariado a força motriz e o agente privilegiado da transformação social, nos fins do século passado.

Na verdade, o eixo paradigmático de uma teoria com intencionalidade prática deve ser buscado nessa razão de ser da própria teoria: a quem se dirige, a quem põe a sua fé na capacidade de contrariar os mecanismos da dominação social.

Poderemos, ainda hoje, pensar da mesma maneira, ou seja, analisar a sociedade capitalista avançada sob o prisma dos paradigmas marxianos?

Continuemos com a análise que Agnes Heller faz da obra de Habermas, como via de acesso ao seu próprio pensamento. Diz:

> Habermas faz referência à famosa fórmula de Marx segundo a qual a cabeça da revolução é a filosofia e o seu coração, o proletariado. A revolução perdeu seu coração, diz ele. O proletariado não pode ser o destinatário de uma teoria com intencionalidade prática porque não desenvolveu o interesse emancipatório que lhe atribuiu Marx... O proletariado incorpora a racionalidade estratégica em suas diferentes ações e esta é a razão pela qual não pode ser — enquanto classe — portador de emancipação. Nem a crise motivacional nem a crise de legitimação

do capitalismo tardio foram transformadas por esta classe em interesse emancipatório. Esta é a razão pela qual não pode ser o destinatário, não porque a sua ação haja falhado. A concepção da revolução política deve ser abandonada porque carece de portador. Além do mais, ainda que o tivesse, a revolução política não pode conduzir à emancipação política. A dominação só pode ser transcendida de maneira gradual. (Heller, 1984:291-2)

Se há, portanto, identidade entre as suposições matriciais de uma teoria e o seu destinatário, então não podemos deixar de considerar os efeitos da mudança histórica no destinatário e na teoria que se lhe corresponde.

Se a nossa esfera vital é a esfera do cotidiano, onde desenvolvemos nossas pequenas e anônimas vidas, então é de se esperar que seja aí, precisamente aí, que surjam e se exprimam nossas necessidades, aspirações, vontades e ilusões. Inclusive aí se formam as necessidades radicais, aquelas que funcionam como forças motivacionais suficientes para mudar o rumo da história, sempre na busca de *satisfiers* que transcendam a ordem do existente.

Se a teoria de Agnes Heller tem como destinatário o vivente do cotidiano, difícil se torna dizer qual seja, a que classe pertence e quais os problemas que o tocam. Sua teoria não se prende à previsão histórica ou a qualquer espécie de "deve-ser". Diz que "sem dúvida, este paradigma não se qualifica para ser um paradigma de uma filosofia da história simplesmente porque a esfera da objetivação-em-si produz apenas as necessidades para a mudança e não as ações que delas derivam ou afetam a sua direção". (Heller, 1985:70, cap. 2)

A democracia, enquanto garantia da igualdade formal de todos os cidadãos, é também uma garantia da ação social impetrada em seu nome. Além disso, os valores democráticos fazem parte de nossa cultura política ocidental, a despeito de todos os valores e forças no sentido contrário. Por esse motivo, diferentemente do que acontece nos sistemas políticos despóticos,

> nas democracias formais as revoluções políticas podem ser substituídas pelo discurso racional. Se isto é verdade, então a luta de classes tem apenas um objetivo, a saber, criar situações nas quais uma parte se veja obrigada a escutar os argumentos da outra parte e a aceitar a reciprocidade da situação. Entretanto, isto apenas pode acontecer em situações de igualdade momentânea de poder, o que se pode conseguir pela força. Ainda que a força não possa ser substituída pela argumentação, pode ser aplicada em auxílio da argumentação. Por outro lado, se levamos a sério a democracia, deveremos aceitar que a única legitimação da força é a realização do direito, existente de modo virtual, na argumentação. Se é verdade que a argumentação não pode substituir a ação, também é verdade que a ação não pode substituir a argu-

A questão dos paradigmas...   21

mentação. Mas se a finalidade da ação é a argumentação (forçar a outra parte a prestar atenção), então a luta de classes não pode ser concebida exclusivamente em termos de ação estratégica: a parcialidade em favor da razão está incluída no conceito de êxito. (Heller, 1984:295)

Um dos temas mais recorrentes da Sociologia Política, desde os anos 70, é o dos Movimentos Sociais enquanto conjunto de manifestações coletivas com distintas motivações e composições, quase sempre referidas ao Estado como principal opositor. Os chamados atores políticos ou sujeitos coletivos são os mais distintos possíveis — mas tanto a argumentação racional que elaboram de modo a tornar sensíveis, para a população em geral e para o Estado em particular, as demandas sociais que carregam consigo, como a força que possuem através das lideranças e do número de participantes, mostram como a "química" do cotidiano é extremamente explosiva. A capacidade de mudança que os movimentos sociais podem ter na sociedade não deverá ser subestimada por nenhum cientista político sintonizado com a sua sociedade e a sua época.

A título de conclusão, podemos então dizer que não se pode separar um paradigma de uma teoria dotada de intencionalidade prática do destinatário da teoria. A mudança do eixo paradigmático, em Heller e Habermas, significa que a categoria trabalho (incluído o trabalho assalariado) não serve mais como o princípio explicativo da estrutura, ordenação e desenvolvimento da sociedade na qual vivemos. É preciso atentar para os novos sujeitos políticos que têm aparecido, as necessidades ou demandas que encarnam e de onde elas surgem. Ora, isto basta para que a reconstrução teórica do mundo social comece pelo ponto de partida efetivo da vida social: o dia-a-dia de cada um de nós.

Bibliografia

ARISTÓTELES (1967). *Metafísica,* Libro Séptimo (Z). 2ª. ed., Madrid, Aguilar.

BURRELL, G. e MORGAN, G. (1979). *Sociológica/ paradigms and organizational analysis.* London, Heinemann.

HELLER, A. (1984). "Habermas y el marxismo". In: HELLER, A. *Crítica de la ilustración — Ias antinomias morales de la razón.* Barcelona, Ed. Península.

HELLER, A. (1985). *The power of shame.* London, Routledge & Kegan Paul.

HELLER, A. (1989). "A herança da ética marxiana". In: HOBSBAWN, E. et alii (eds.). *História do marxismo.* Rio de Janeiro, Paz e Terra, 12.

KUHN, T. S. (1975). *A estrutura das revoluções científicas.* São Paulo, Perspectiva.

MARX, K. (1978a). *El capital: crítica de la economia política,* Libro I. México, Fondo de Cultura Econômica.

MARX, K. (1978b). *Manuscritos econômicos e filosóficos.* 2ª. ed., São Paulo, Abril Cultural (Os Pensadores).

MARX, K. (1978c). *Para a crítica da economia política.* 2ª. ed., São Paulo, Abril Cultural.

OFFE, C. (1989). "Trabalho como categoria sociológica fundamental?". In: *Trabalho e sociedade: problemas estruturais e perspectivas.* Rio de Janeiro, Tempo Brasileiro.

OBJETIVIDADE x SUBJETIVIDADE:
DA CRÍTICA À PSICOLOGIA À PSICOLOGIA CRÍTICA

LUÍS GONZAGA MATTOS MONTEIRO

Introdução

O presente artigo pretende discutir sinteticamente novas abordagens para a questão da subjetividade, formulando uma crítica implícita às psicologias tradicionais, às chamadas "escolas psicológicas" e às suas derivações que compõem hoje um quadro mais complexo do que sugeriram os velhos manuais de história da psicologia como ciência moderna. Esta crítica procura resgatar, através dos desdobramentos do pensamento marxista, o vigor conceitual e os compromissos filosóficos e políticos que consideramos necessários a uma tal redefinição da psicologia e da questão da subjetividade.

Este questionamento parte inicialmente de alguns problemas conceituais nas reflexões de Karl Marx, para ancorar-se mais solidamente em seus desdobramentos atuais, vertentes neomarxistas contemporâneas que podem contribuir neste esforço crítico reconstrutivo em relação ao âmbito da psicologia como teoria e prática. Trata-se portanto de avaliar o que seria uma postura crítica, ao considerar-se as relações entre objetividade e subjetividade discutidas por algumas das matrizes do pensamento neomarxista e mesmo por seus interlocutores, como base para redefinir a relação homem — mundo na construção de uma "psicologia crítica", a partir de considerações metodológicas, epistemológicas, ontológicas e ético-filosóficas.

Visando abordar a temática de forma clara e conceitualmente encadeada, apresentamos cinco itens que de algum modo traduzem as origens e os rumos dos debates e de nossa própria reflexão. Assim, começamos por discutir considerações do próprio Marx, identificando suas principais aporias (contradições conceituais) e o modo como elas impulsionaram o debate que se seguiu. Em um segundo momento, procuramos caracterizar o desenvolvimento do chamado marxismo ocidental com movimento teórico-histórico que, valorizando os aspectos superestruturais, inicia o que chamamos de neomarxismo. Em terceiro lugar, apresentamos sinteticamente três abordagens neomarxistas quanto à questão da subjetividade, nos trabalhos de Agnes Heller, Jürgen Habermas e dos marxistas analíticos, Jon Elster e Adam Przeworski. Estas possíveis contribuições são finalmente enriquecidas em um quarto item, em que discutimos resumidamente as perspectivas teóricas de J. P. Sartre e de M. Foucault em suas considerações relativas à psicologia e à filosofia de um modo geral. Uma breve conclusão encerra o trabalho, apontando a perspectiva de construção de uma "psicologia crítica" voltada à interdisciplinaridade e aos compromissos éticos e políticos que devem embasar teoria e prática nas questões referentes à subjetividade humana.

As Aporias Fundamentais de Marx

Se considerarmos a amplitude dos escritos de Marx, seja pelo volume ou duração de sua produção teórica, seja por sua abrangência e audácia crítica e conceituai, é fácil imaginar que existem contradições em sua obra, e não apenas na clássica, e discutível, oposição entre o "jovem Marx", o filósofo humanista dos *Manuscritos econômicos e filosóficos* de 1844 e o "velho Marx", o economista político de *O capital*, mas também ao longo de toda sua reflexão.

Este caráter aporético das teses marxianas permite destacar três tipos de "determinismo". O determinismo econômico, o determinismo histórico e o determinismo sociológico (que assim designamos para simplificar a exposição), que por sua própria natureza contraditória parecem ter conferido uma certa fertilidade aos debates e desdobramentos teóricos posteriores ao próprio Marx. Como sugere Tom Bottomore em seu *Karl Marx:*

> A própria amplitude da síntese de Marx, que ele ficou longe de completar em todos os seus aspectos, e os problemas suscitados pelas relações entre teoria e prática marxistas em um século de profundas transformações sociais, deram origem a variadas formulações da teoria marxista. Estas diversas interpretações, não raro conflitantes, sofreram efeito das cambiantes circunstâncias, bem como da descoberta e da publicação parcelada de alguns escritos originais de Marx, que levantaram novas questões sobre a evolução de seu pensamento. (Bottomore, 1981:7)

Na opinião de Lesek Kolakowski, os caminhos que o marxismo seguiu neste último século foram e são tão antagônicos que considera que:

> (...) é tão fácil quanto estéril confrontar simplesmente os movimentos marxistas contemporâneos com os textos de Marx e observar as dife-

Objetividade x Subjetividade 25

renças que os separam. A questão não é saber até que ponto os marxistas se afastam de Marx, mas como foi possível que precisamente essa ideologia tenha sido utilizada para fins tão diferentes e incompatíveis, como foi o caso, ou ainda, quais são os constituintes do marxismo que tornaram eficazes estes usos tão diversos. (Kolakowski, 1985:14)

As três formas de determinismo (ou, aporeticamente, indeterminismo — e que parece ligado a esta diversidade de enfoques) estão intimamente imbricadas nas considerações de Marx e é necessário compreendê-las antes de mais nada. Tendo Marx percebido e descrito, já desde os *Manuscritos,* que o homem para, no mínimo, garantir sua sobrevivência é forçado a manter um contínuo intercâmbio com a natureza (materialidade ou objetividade), e que tal intercâmbio apresentara diferentes modos, forças e relações de produção ao longo da história (produção e reprodução da vida, que constitui a base do materialismo histórico), tornou-se óbvio que a chamada "economia" era o âmbito próprio das sociedades organizadas que marcava as próprias transformações históricas em tais processos de sobrevivência. Nessa perspectiva, a diferença entre a necessidade de caça por parte de um *australopthecus* e o fato de pagarmos com um cheque alguns bifes no caixa do supermercado é apenas de complexidade, ou, se preferirmos, de transformações histórico-econômicas.

Quando Marx buscou avaliar as relações sociais que marcaram tais transformações, chegou ao conceito de classe social (segmento econômico engajado no processo produtivo). A comparação entre as características sociais, políticas e econômicas de períodos históricos anteriores (que já caracteriza um esforço precoce de interdisciplinaridade em ciências humanas) permitiu a Marx fechar o círculo: ao organizar sua sobrevivência o homem transformava historicamente as condições sociais, políticas e econômicas. Como a economia caracterizava o terreno próprio do intercâmbio material (infra-estrutura), deveria definir historicamente a organização social (estrutura das classes) e política (forma do poder e da dominação de classe — superestrutura). A esta sobre determinação da infra-estrutura (ordem material econômica) sobre a superestrutura (ordem sociocultural e jurídico-política) chamados "determinismo econômico": são as condições econômicas da existência material que imprimem forma à consciência do homem.

Do mesmo modo, assim como a classe burguesa surgira no seio da sociedade feudal (servos, vassalos, suseranos, clero) derivando-se dos "vilões"[1] como resultado das transformações progressivas (Revolução Comercial, etc.) nas relações de produção (modificação nas práticas econômicas) e mais tarde no modo de produção como um todo (substituindo o feudalismo pelo capitalismo, revoluções burguesas e

---

1. "Vilões" foi usado no sentido de moradores das vilas, que se formaram em torno de castelos feudais (na aurora da formação da classe burguesa).

Revolução Industrial), também a classe burguesa, gerando contradições nas relações de produção (acumulação, mais-valia, etc.), imiulsionava o surgimento de uma nova classe: o proletariado. No entendimento de Marx, o próprio processo histórico apontava, através das transformações econômicas, um novo modo de produção, o comunismo, construído pela revolução do proletariado. A este desfecho teleológico e inevitável que Marx antevia para a história chamamos "determinismo histórico".

Finalmente, considerando a determinação econômica e histórica no processo produtivo que sempre permitiu a perpetuação e expansão da espécie humana, Marx destaca conceitualmente a classe social e a luta de classes como "motor da história". Em especial a luta de classes entre a burguesia e o proletariado assume, ao tempo de Marx, um papel histórico preponderante, onde não parece haver lugar para o indivíduo. A esta importância dada aos conflitos classiais de base econômica e à preponderância da classe em relação ao indivíduo chamamos "determinismo sociológico".

Estes três determinismos, aqui conceitualmente simplificados para facilitar a exposição, apresentam todos uma outra interpretação, que o próprio Marx indica (e por isso podemos tratá-los aporeticamente) em diferentes passagens ao longo de sua obra.

Por vezes os aspectos superestruturais, socioculturais e jurídico-políticos assumem grande importância explicativa (em detrimento da infra-estrutura econômica), em particular nas chamadas análises de conjuntura, como é o caso de *O Dezoito Brumário de Luís Bonaparte.* Quanto ao determinismo histórico, embora Marx tenha antevisto a vinda do comunismo, como resultado da luta de classes e do descompasso entre relações de produção e forças produtivas, afirmou sempre a necessidade de ações individuais e sociais concretas comprometidas com a revolução comunista, como neste trecho:

> A fim de superar a idéia de propriedade privada bastam as idéias comu-nistas, mas é necessário atividade comunista genuína no sentido de superar a propriedade privada real. (Marx, 1975: 134)

Quanto ao determinismo sociológico, é possível questionar a posição do indivíduo em relação à classe e por conseguinte em relação à própria história. Também aí os escritos de Marx mostram aporias:

> Historiadores burgueses já tinham exposto muito antes de mim o desen-volvimento histórico dessa luta de classes, e economistas burgueses tinham exposto a anatomia econômica das mesmas. O que eu trouxe de novidade foi demonstrar: 1. que a existência das classes está ligada apenas a determinadas fases históricas do desenvolvimento da produção; 2. que a luta de classes conduz necessariamente à ditadura do proletariado; 3. que esta mesma ditadura constitui ape-

Objetividade x Subjetividade 27

nas a transição para a superação de todas as classes e para uma sociedade sem classes. (...) a história social dos homens nada mais é que a história do seu desenvolvimento individual, tenham ou não consciência disso. Suas relações materiais são a base de todas as suas relações. Essas relações materiais não são mais do que as forças necessárias em que se realiza a sua atividade material e individual. (...) Esta subsunção dos indivíduos sob classes determinadas não pode ser superada antes de se ter formado uma classe que não tem mais um interesse particular de classe a fazer valer contra a classe dominante. (Marx, 1984: 212, 433, 442, 443)

Nesta ótica, se por um lado a sociedade está estruturada em classes segundo a anatomia econômica de um dado modo de produção historicamente situado, por outro a própria tendência histórica é a de superação das classes, graças à ação da classe proletária, para que, na futura sociedade sem classes, o indivíduo resolva suas contradições tanto em relação à sociedade quanto em relação à história.

Neste ponto, três conceitos ganham uma relevância especial com relação à questão do indivíduo e da subjetividade: alienação, ideologia e consciência. De fato, todos os três conceitos estão relacionados à posição que o indivíduo ocupa, ou deveria ocupar, frente à sociedade e frente à história.

Este tipo de discussão cumpre dois papéis fundamentais: por um lado, é o mapa referencial que anima e situa os temas do debate neomarxista; por outro, sugere, no âmbito deste mesmo debate, que muitas explicações e conceitos de Marx devem ser abandonados por caduquice ou inadequação, enquanto outros mantêm seu vigor e fertilidade.

Neste sentido, alguns dos conceitos de Marx são ainda muito úteis na discussão de uma psicologia de bases marxistas, tais como os de alienação, ideologia e dominação. Embora as formas de determinismo estejam superadas, suas antíteses guardam um certo valor heurístico que tem marcado a discussão que se seguiu a Marx. Ainda que a sobredeterminação infra-estrutural seja discutível, a forma da economia permanece sendo um fator de exploração de classe. Do mesmo modo, embora não seja razoável supor um desfecho inevitável da história como um mecanismo natural e finalístico, ainda podemos defender um futuro preferível para o homem. Finalmente, o indivíduo surge como elemento fundamental na reflexão neomarxista. Nesta ótica, além dos conceitos de classe, luta de classes ou consciência de classe terem se tornado obsoletos como metodologia sociológica explicativa do movimento histórico-social, a própria complexidade sociocultural e político-econômica das sociedades de hoje impede tais análises baseadas em atores coletivos, tais como as classes. A dominação ou poder de determinados grupos (aqui tomados como indivíduos organizados na concreticidade cotidiana) se mantém, entretanto, como um fator a ser considerado na crítica social.

Em síntese, é útil resgatar a importância dos elementos superestruturais (fatores socioculturais e jurídico-políticos, que marcam a reflexão neo-marxista) quanto ao determinismo econômico; entender o materialismó histórico como um processo não finalístico, não teleológico, mas apenas como método descritivo e, por vezes, analítico-explicativo quanto à relação do homem com a materialidade, como sendo um fato inelutável que se transforma historicamente, mas que absolutamente não está determinado, e se, por um lado, pode haver tendências expressas, por outro há a ação possível do homem e a própria imprevisibilidade; e, finalmente, quanto ao determinismo sociológico, é preciso reconhecer o indivíduo como ator concreto que, também no sentido econômico ou histórico, é a base do humanismo de Marx.

Do ponto de vista de uma psicologia de bases neomarxistas, não só é possível, como também é útil e desejável enterrar as formas de determinismo em Marx, para revigorar aqueles conceitos que, por seu poder analítico-explicativo, enriquecem o tratamento da subjetividade humana. Nesta ótica, conceitos como alienação (como falta de consciência de), ideologia (como conjunto de idéias e/ou valores que falsa ou verdadeiramente embasam as ações de segmentos/grupos/indivíduos) e dominação (como exercício de poder ilegítimo, ou falsamente legitimado, de uns sobre outros), apontam todos para as relações entre objetividade e subjetividade, permitindo aí a crítica (ao melhor estilo marxista) não do capital ou da propriedade, mas de todas as formas de concentração de saber, riqueza e poder.

Finalmente, é possível recolocar toda esta discussão como sendo a raiz de *quatro tipos* de problemas (ou soluções) conceituais imbricados na reflexão de Marx:

a) o problema metodológico: trata da questão indivíduo x classe. Toda a análise de Marx está ancorada na noção de classe social. Embora conceitos como alienação e ideologia estejam voltados ao âmbito da subjetividade, sua origem reside nas relações econômicas entre as classes antagônicas e sua forma descritiva quanto à estrutura da sociedade. O indivíduo, livre e consciente (subjetivamente emancipado), aparece apenas como um possível resultado e objetivo final do esforço comunista: uma sociedade sem classes, calcada em princípios de liberdade e igualdade para cada um e para todos os indivíduos;

b) o problema epistemológico: partindo de um método de análise (primeiro decompor os fatores) e síntese (depois reconstruir interpretativamente a totalidade) Marx (e, neste caso, principalmente Engels) tomou a dialética como princípio explicativo do movimento social, o materialismo dialético. Os conflitos entre as classes (luta de classes) traduzem as contradições crescentes entre as forças produtivas (técnicas e esforço produtivo) e as relações de produção (formas de intercâmbio) marcando a ascensão e queda de sucessivos modos de produção, mas apontando, paradoxalmente, para um momento final, uma so-

Objetividade x Subjetividade 29

ciedade sem classes. A este raciocínio que é a um só tempo descritivo, explicativo-preditivo e prescritivo (e, portanto, fundamentalmente epistemológico) Marx e Engels chamaram socialismo científico;

c) o problema ontológico: trata das formas de determinação da vida e da consciência humana. Como neste trecho de Marx sobre as condições comunistas:

> Com essa transformação, o que aparece como pilar da produção e da riqueza não é o trabalho que o homem dispende diretamente, nem o tempo que ele dispende no trabalho, mas sua apropriação das suas próprias forças produtivas gerais, sua compreensão e domínio da natureza; em suma, o desenvolvimento do indivíduo social. (...) Os indivíduos podem então desenvolver-se livremente... e a redução do trabalho social a um mínimo é seguida do desenvolvimento da educação nas artes, ciências, etc, para todos os indivíduos, através do lazer e dos meios que se tornarem disponíveis. (Marx, *apud* Bottomore, 1981:22)

d) o problema ético: trata dos princípios éticos que nortearam a reflexão de Marx, já que liberdade, igualdade, justiça e democracia são valores defendidos também pelos ideais liberais, mas que só poderiam desenvolver-se concretamente em uma sociedade genuinamente comunista, resgatando o individualismo ético e a democracia radical.

Feitas estas considerações introdutórias, é preciso lembrar que o desenvolvimento do que chamamos neomarxismo (como desdobramento do chamado marxismo ocidental) está marcado por complexas relações entre teoria e prática, entre filosofia e realidade empírica. Mais de um século já se passou após a morte de Marx em 1883. Neste intervalo surgiram as mais variadas formulações teóricas enquanto desdobramentos do pensamento de Marx, com simultâneas experiências de implantação do comunismo, ou de formas alternativas de socialismo, sem que os problemas que aventamos tenham sido resolvidos. Assim, as aporias de Marx continuam em aberto, fomentando um renovado debate.

O Desenvolvimento do Marxismo Ocidental e o Neomarxismo

Para que entendamos o desenvolvimento conceituai dos desdobramentos teóricos contemporâneos que mantêm suas raízes na reflexão de Marx, é preciso considerar as condições e transformações teóricas e históricas que se seguiram a Marx.

Em seu *A crise da crise do marxismo* (1987) (*On the tracks of historical materialism),* Perry Anderson discute os avanços e retrocessos do marxismo como teoria (teoria crítica) e como práxis (engajamento e orientação dos principais teóricos e partidos de esquerda na Europa).

Esta retrospectiva, que retoma seu trabalho anterior, *Considerações sobre o marxismo ocidental* (1989) *(Considerations on Western Marxism)*, procurando avaliá-lo e atualizá-lo, busca um balanço dos caminhos e descaminhos do marxismo a partir dos anos 30, quando a herança dos clássicos (Marx, Engels, Lênin e Gramsci) já estava sendo absorvida e transformada no neomarxismo de Frankfurt (entre outras vertentes).

Inicialmente, Anderson avalia o sentido da Escola de Frankfurt, ao desenvolver uma teoria crítica que denunciasse a filosofia clássica em suas contradições, em direção ao materialismo revolucionário. Segundo Anderson, para Horkheimer a intenção do teórico crítico seria: "acelerar um desenvolvimento que levaria a uma sociedade sem exploração" (Horkheimer *apud* Anderson, 1987:13). Para Adorno, intelectualmente, visava: "tornar os homens conscientes daquilo que distingue o materialismo". (Adorno *apud* Anderson, 1987:13)

Contudo, a tendência da Escola de Frankfurt, no entendimento de Anderson, foi em direção a análises no campo da literatura e da estética (fenômeno semelhante ocorre na Escola de Budapeste, iniciada e representada nos trabalhos de G. Lukács). Estas modificações na orientação teórica dos desdobramentos do marxismo podem caracterizar o que, para Anderson, Karl Korsh foi o primeiro, em 1923, a realizar: "Aplicar esta autocrítica revolucionária ao desenvolvimento do marxismo". (Anderson, 1987:14)

Esta crítica, incluindo a própria teoria crítica a partir de Frankfurt, marca, segundo o autor, um novo estágio no marxismo (iniciado no "entre-guerras"), quando se solidifica a primeira experiência socialista (URSS), mas que traz consigo todos os outros fatos históricos importantes dos últimos cinqüenta ou sessenta anos: a ascensão do nazi-fascismo, a Segunda Guerra, o crescimento do stalinismo, a guerra fria, Cuba, o maio francês de 68, Vietnã, queda do Muro de Berlim, etc. Todos estes fatos e a paralela evolução das vertentes teóricas do marxismo até hoje criaram, frustraram, transformaram expectativas entre os próprios marxistas. É a este contexto que Anderson dirige suas análises.

Para Anderson, três momentos marcam o marxismo ocidental: após o isolamento soviético a partir de 1917, segue-se um período de insurgência proletária em países como Alemanha, Áustria, Hungria e Itália, mas entre 1918 e 1922 tais movimentos foram esmagados, constituindo-se em trampolins do fascismo e do nazismo, dominantes uma década mais tarde. Na Espanha e na França, as frentes populares fracassaram com a Revolução Espanhola, enquanto a esquerda francesa perdia espaço. Por último, as "resistências" apoiadas por partidos de esquerda durante a guerra não foram capazes de perpetuar um movimento socialista coeso na Europa do pós-guerra, exatamente quando as democracias liberais ganhavam o espaço da "reconstrução" *(new deal)*, que até hoje sustenta os modelos de *Welfare State*. Neste cenário, após a prisão de Gramsci e o exílio de Lukács, há uma ruptura entre teoria e prática que irá caracterizar o marxismo dos anos 20 aos anos 70. Esta

Objetividade x Subjetividade 31

alteração se associa: a. à clássica interação do marxismo com as fisolofias não-marxistas. Segundo Anderson:

> (...) cada escola dentro do marxismo ocidental desenvolveu-se em íntimo contato, muitas vezes quase simbiose, com sistemas intelectuais contemporâneos de caráter não-marxista; emprestando conceitos e temas de Weber no caso de Lukács, Croce no caso de Gramsci, Heidegger no caso de Sartre, Lacan no caso de Althusser, Hjelmslev no de Delia Volpe e assim por diante. (Anderson, 1987:20)

e b. à própria conjuntura política daí resultante. A cisão entre os partidos de esquerda organizados e fortes, o totalitarismo de orientação soviética, e os teóricos marxistas. Nesta perspectiva, a fecundidade teórica desse período marcado pelos "estudos da superestrutura e seus processos" (ênfase na alienação, ideologia, aparelhos de Estado, etc.) traduz exatamente o deslocamento da problemática do campo do conflito econômico para o campo do político e principalmente para o ideológico.

Nesta perspectiva, o que distingue o marxismo ocidental, em uma primeira alteração de interesses temáticos, e posteriormente o neomarxismo com sua grande diversidade de enfoques, é a valorização dos processos superestruturais e do indivíduo concreto mergulhado em um regime político. A distância crescente entre as práticas stalinistas e as teses originais de Marx ampliou a reflexão crítica dos neomarxistas para além das mazelas do capitalismo, dirigindo-as às próprias práticas socialistas. O superestrutural (já mencionado por Gramsci), a democracia e o indivíduo emergem como temáticas relevantes neste novo momento reflexivo.

Por todos os elementos tratados, é possível perceber que a subjetividade ganha um espaço crescente nos novos avanços conceituais, transformando a desgastada e obsoleta crítica a atores coletivos, à propriedade e ao capitalismo, em crítica e autocrítica teórica e prática entre os simpatizantes da esquerda. A valorização de elementos superestruturais, da democracia, do indivíduo e da subjetividade, sem abandonar, entretanto, a crítica às formas de exploração, concentração e dominação, calcadas em ideologia e alienação, constituem, pois, o traço distintivo da reflexão neomarxista.

Algumas Abordagens para a Subjetividade em Bases Neomarxistas: Agnes Heller, Jürgen Habermas e os Marxistas Analíticos: Jon Elster e Adam Przeworski

Este tópico procura sintetizar algumas possibilidades teóricas da subjetividade em moldes neomarxistas e está embasado em nosso trabalho anterior, *Neomarxismo: indivíduo e subjetividade* (Monteiro, 1992), onde esta mesma temática encontra-se mais detalhadamente discutida.

Em primeiro lugar, é *preciso ter cuidado com o modo pelo qual consideramos os autores apontados neste subtítulo como sendo neomarxistas.* Resgatam ou rejeitam elementos conceituais diferentes na obra de Marx, tratando, portanto, de focos temáticos consideravelmente diferentes. Enquanto Heller e Habermas, publicando já desde os anos 50, estão voltados à fisolofia política (e portanto, mais dirigidos aos problemas ontológicos e éticos), os marxistas analíticos, Elster e Przeworski, em evidência a partir dos anos 80, estão voltados à metodologia para a análise social e a própria construção do conhecimento sociológico (estando assim mais dirigidos aos problemas epistemológicos e metodológicos).

Todos estes autores valorizam, entretanto, a análise dos processos superestruturais, de princípios éticos (como liberdade e democracia) e tratam do indivíduo e da subjetividade.

Agnes Heller, da Escola de Budapeste, procura desenvolver uma filosofia política (envolvendo a crítica da relação entre teoria e práxis sob o capitalismo e sob o socialismo) a partir do conceito de necessidades humanas, alienadas ou não, individuais e coletivas, no cotidiano e na história, tomando como critério norteador a reflexão acerca de princípios ético-universalistas.

Jurgen Habermas, da Escola de Frankfurt, desenvolve a chamada teoria da ação comunicativa, em que funde elementos de uma psicologia cognitiva (Piaget, Kohlberg) e da lingüística (Chomski) ao marxismo: a intersubjetividade comunicativa como campo de dominação (ciência e tecnologia como formas de legitimação; esfera pública x esfera privada) e de transformação (amadurecimento cognitivo individual e social; descentramento; formação de identidade nas sociedades complexas; substituição da razão instrumental pela razão substantiva).

Finalmente, os marxistas analíticos, Elster e Przeworski, procuram incorporar ao marxismo alguns elementos do chamado individualismo metodológico e da teoria da escolha racional (classicamente associados à teoria social burguesa que explica o movimento histórico, não pelas classes, mas pelos interesses individuais): embora sob pressão da estrutura capitalista, o indivíduo (trabalhador) faz escolhas cotidianas que, em maior ou menor grau, retroagem sobre a estrutura. A teoria satisfatória é aquela que considera os dois níveis, escolhas individuais e pressões coletivas e estruturais, buscando assim "microfundamentos para a história".

Há nas três vertentes um resgate do marxismo (como crítica à falta de liberdade e igualdade e uma crítica ao próprio marxismo dirigida ao socialismo real e suas distorções, e à teoria a ser parcialmente reformulada). Essas vertentes sugerem, entre outras coisas, a falta de uma psicologia em Marx, que possa superar o holismo dos atores coletivos (classes), e procuram, cada uma a seu modo, sanar tal deficiência, mantendo, contudo, o marxismo revisto como base teórica para a crítica da sociedade contemporânea.

Objetividade x Subjetividade 33

Todas estas vertentes, partindo de concepções marxistas, enfatizam a esfera da racionalidade humana e as posições que os indivíduos adotam, ou poderiam adotar, frente à realidade histórica, objetivando modificá-las em direção às condições democráticas de igualdade e liberdade conforme Marx as concebeu.

O neomarxismo das vertentes aqui sugeridas, como procuramos indicar, consiste em buscar um aprimoramento teórico, além de novas estratégias de ação, que possam resgatar a subjetividade individual tanto sob o capitalismo quanto sob o socialismo, discutindo os limites e possibilidades do indivíduo. Esses autores, embora diferentemente, enfatizam a necessidade de compreensão do indivíduo e da subjetividade (indivíduo com necessidades em Heller, indivíduo comunicativo em Habermas e indivíduo racional-estratégico nos marxistas analíticos), de uma psicologia do comportamento cotidiano/político, que seja uma crítica aos regimes políticos de hoje (capitalistas, socialistas e social-democratas) que entravam, de diferentes modos, a igualdade, a justiça, a democracia e a liberdade, como princípios sociopolíticos sob os quais o homem poderia realizar-se coletiva e individualmente.

Um dos aspectos fundamentais em um mapeamento como este é notarmos as relações presentes em todos os autores mencionados entre indivíduo e democracia e entre subjetividade e liberdade, que apontam o que chamamos de "tríplice resgate": o resgate do universalismo ético (democracia e igualdade); o resgate do individualismo ético (realização do indivíduo através da liberdade como objetivo teórico-prático); e o resgate da reflexão racional (emancipação e liberdade subjetivas). Embora o façam diferentemente na relação com, e na superação de Marx, indicam estes caminhos cruzados para a superação da ideologia e da alienação.

Na perspectiva de Heller, o singular (homem cotidiano) é um particular (alienado) que pode tornar-se um indivíduo (emancipado através da consciência de si mesmo e do gênero humano — "genericidade parasi"). A particularidade cotidiana não pode ser totalmente superada, dadas as contingências da condição humana (antropologia do cotidiano), mas apenas transcendida pelo indivíduo consciente.

O cotidiano é, segundo Heller, o ponto de contato entre objetividade e subjetividade (no capitalismo o indivíduo-tipo é o burguês centrado no egoísmo racional e na particularidade alienada). Cada um deve escolher seu pequeno mundo e pode, através da ética, da filosofia e da razão, transcender o cotidiano, superando a alienação e a ideologia. Heller indica a existência de "drives", entendidos como inclinações naturais de base biológica no homem, que vão se modelando no contexto sociopolítico-econômico-histórico, caracterizando a construção do "eu" (história pessoal) como relação entre interioridade e exterioridade. As virtudes pessoais, fundadas nos universais éticos, permitem na ótica de Heller a luta subjetiva contra a alienação e a transformação das condições objetivas.

Para Habermas, o indivíduo é uma construção histórica que pode ser entendida com base nos avanços da própria juridização burguesa (direitos civis nas constituições liberais). A politização do indivíduo na esfera pública se dá de maneira abstrata e alienada no capitalismo. Os indivíduos tendem, entretanto, a um duplo amadurecimento, individual (ontogenético) e social (filogenético). O indivíduo se mantém, em Habermas, como limite interpretativo do agir comunicativo.

A intersubjetividade lingüística e conceituai (linguagem e saber) é o ponto de contato entre objetividade e subjetividade, em Habermas. O indivíduo se constitui no amadurecimento das sucessivas "identidades do eu". A construção do "eu" no plano da subjetividade é um processo cognitivo, lingüístico e interativo, que está associado ao amadurecimento das imagens de mundo (individual e socialmente aceitas como verdadeiras). O agir comunicativo é, segundo Habermas, ao mesmo tempo o instrumento de superação da alienação e da ideologia e o reino da liberdade subjetiva.

Na perspectiva de Elster e Przeworski, a ação individual tem sido explicada de duas formas: holismo sociológico (como nas classes enquanto atores coletivos no marximo clássico) ou individualismo econômico (egoísmo racional e teoria da escolha racional). As duas explicações, segundo Elster e Przeworski, têm de ser seletivamente aproximadas (o que caracteriza o marxismo analítico) de modo a explicar o movimento histórico com base nas racionalidades individuais: micro-fundamentos da história. O indivíduo é aí o elemento explicativo e prescritivo de uma teoria social multidimensional.

A racionalidade individual, na ótica de Elster e Przeworski, é o ponto de contato entre objetividade e subjetividade. As preferências são formadas endogenamente (no plano da subjetividade), envolvendo fatores racionais, morais e emocionais, mas estão sujeitas às pressões exógenas da sociedade, da cultura, da política, da economia, historicamente dadas (objetividade). A teoria dos jogos pode auxiliar no mapeamento de contextos estratégicos, em que fatores objetivos e subjetivos interferem nas escolhas individuais e grupais. A subjetividade humana se caracteriza, na perspectiva de Elster e Przeworski, por propensões emocionais, morais e racionais, que se relacionam à objetividade social, política, econômica e histórica.

O resgate que este conjunto de autores faz de Marx aponta para novos conceitos de subjetividade sem perder de vista a crítica dos fatores objetivos. Os dilemas subjetivos que marcam as personalidades dos homens concretos, de carne e osso, que andam nas ruas, só podem, neste enfoque neomarxista, estar em relação e interação constante com a realidade do mundo em que vivem. Há uma materialidade no psicólogo que se liga inexoravelmente aos problemas teórico-filosóficos de um lado e ao cotidiano concreto de outro, seja na realidade capitalista, seja na realidade socialista. Ambos os regimes (enquanto realidade objetiva) aos quais deve estender-se a crítica da subjetividade apresentam fracassos teóricos e práticos que ainda aguardam melhores encaminhamentos. Tanto o liberalismo (sugerindo liberdade e igualdade quanto às possíveis ações do homem proprietário no livre mercado) quanto o socialismo (sugerindo liberdade e igualdade quanto às imposições do capital em uma sociedade sem classes e sem propriedade privada) fracassaram em proporcionar a realização do indivíduo, se socialmente considerado (individualismo ético de Marx). Esta é a discussão neomarxista que permite a Heller e Elster, por exemplo, admitirem a validade do livre mercado e da propriedade privada, desde que se mantenha uma perspectiva crítica quanto às formas distorsivas de concentração de saber, riqueza e poder.

Do ponto de vista da possibilidade de construção de uma psicologia crítica, é preciso considerar acuradamente (no sentido metodológico e epistemológico que marca os avanços da reflexão científica) e filosoficamente (no sentido ontológico e ético que deve apontar princípios e convicções) qual a relação constatável, e qual a relação que seria desejável entre o homem (indivíduo e subjetividade x objetividade social e histórica) e a psicologia (campo de estudos que deve tratar toda esta problemática). Só neste sentido é possível estender uma crítica pertinente e transformadora tanto às realidades concretas (enquanto objetividade) quanto às realidades simbólicas (enquanto subjetividade).

Novas Perspectivas na Crítica da Relação entre Objetividade e Subjetividade: As Reflexões de J. P. Sartre e M. Foucault

A escolha destes dois autores, na tentativa de prosseguirmos e aprofundarmos a reflexão acerca das questões da subjetividade humana em sua relação com a objetividade histórica, não se deu ao acaso.

Em primeiro lugar é importante percebermos, como sugerem os marxistas analíticos, que já é tempo de superarmos preconceitos, incluindo em nossas reflexões autores que não estejam vinculados a qualquer tradição neomarxista, mas que, de algum modo, possam ser úteis no tratamento da questão da subjetividade a partir de uma perspectiva crítica, como é o caso de Michel Foucault. O que se coloca, portanto, é o fato de considerarmos necessária, e mesmo fundamental, a interlocução entre autores neomarxistas e autores não-marxistas, já que muitos dos problemas teóricos e estratégicos da ação da esquerda neste último século poderiam ter sido precocemente superados, ou no mínimo aprimorados, caso tais preconceitos (sempre nocivos ao avanço reflexivo) fossem colocados de lado, para que pudéssemos priorizar o "tríplice resgate" sugerido: universalismo ético, individualismo ético e reflexão racional.

Nesta perspectiva, temos agora uma nova proposta para a reflexão quanto à teoria e à prática, no auxílio à construção de novas abordagens em psicologia: queremos construir uma psicologia crítica que, embora mantendo uma base neomarxista de crítica social, política, econômica e histórica, não se torne dogmática e inflexível, permanecendo à escuta de novas proposições relativas às quatro abordagens já sugeridas nas teses marxianas: problemas metodológicos, problemas epistemológicos, problemas ontológicos e problemas éticos.

Este projeto para a reflexão, implícito na aproximação e comparação teórica entre Sartre e Foucault, aponta três aspectos fundamentais que devem estar claros: quais os motivos para aproximarmos Sartre e Foucault? Quais as formas de fazê-lo? Por que manter o neomarxismo como um pano de fundo?

Quanto aos motivos é preciso considerar que o simples filosofar, como exercício subjetivo, assim como o prazer estético proporcionado pela arte, deveria ser acessível e aprazível a todos, o que supõe uma sociedade com indivíduos racional e moralmente emancipados e emocionalmente sensíveis. O avanço reflexivo já é um bom motivo: a crítica em si mesma. Mas em se tratando de Sartre e Foucault é bem mais do que isso. Ambos são filósofos contemporâneos muito expressivos, voltados à crítica da realidade como ponto de contato entre objetividade e subjetividade.

Sartre e Foucault tratam de temáticas voltadas ao âmbito do psicológico e, em suas críticas filosóficas e políticas, sugerem, cada um a seu modo, uma crítica aos paradigmas das psicologias tradicionais que dá margem a novas teorias da subjetividade. O mais interessante, entretanto, é percebermos as sutilezas teóricas na discussão de filosofias políticas calcadas em liberdade (Sartre) ou micropoder (Foucault).

O motivo fundamental de nosso esforço, entretanto, reside no fato de que Sartre e Foucault apresentam teorias da subjetividade e as discutem através de referências críticas à objetividade. Sartre, talvez o mais expressivo e contundente representante do moderno existencialismo francês ateísta, herdeiro intelectual de Kierkegaard, Husserl.e Heidegger, sugere um homem ontologicamente livre e permanentemente responsável por suas escolhas, calcadas no conceito de "consciência espontânea" e "consciência intencional". Foucault, inicialmente identificado como estruturalista ou "arquivista", desenvolve um pensamento próprio, extremamente original e influente na filosofia contemporânea. Sua análise epistemológica trata inicialmente do desenvolvimento das ciências humanas chegando a uma crítica da noção tradicional de "sujeito" (a "invenção do homem"). Sob inspiração de Nietzsche, Foucault desenvolve uma genealogia do poder erigida sobre uma arqueologia do saber: a "microfísica do poder".

Quanto às formas para aproximar Sartre e Foucault, é preciso mergulhar na rede conceitual destes autores, aí procurando os elementos que possam enriquecer nosso esforço crítico mais geral: a perspectiva de construção de uma psicologia crítica.

Assim, em Sartre encontramos um homem livre, como sugere este trecho de *O existencialismo é um humanismo:*

Objetividade x Subjetividade

(...) se a existência precede a essência, nada poderá jamais ser explicado por referência a uma natureza humana dada e definitiva; ou seja, não existe determinismo, o homem é livre, o homem é liberdade. (...) está condenado a ser livre. (Sartre, 1987:9)

Esta liberdade implica responsabilidade histórica. Quando escolhemos um projeto-de-ser que procuramos realizar, estamos construindo um tipo de homem, de economia, de política, de sociedade, que constituem a própria história. Só nos essencializamos na medida em que nos objetivamos no mundo:

(...) a realidade não existe a não ser na ação; (...) o homem nada mais é do que o seu projeto; só existe na medida em que se realiza; não é nada além do conjunto de seus atos, nada mais que sua vida. (Sartre, 1987:13)

O mais interessante é percebermos que, apesar da ênfase dada à objetividade dos atos praticados por um sujeito que constrói a si mesmo através de seus projetos traduzidos em ação, Sartre também mantém a subjetividade como ponto de partida inelutável da filosofia e da própria condição humana, imediatamente acessível a todos a partir da consciência espontânea:

(...) acusam-nos ainda de aprisionar o homem em sua subjetividade individual. Também aí nos interpretam muito mal. Nosso ponto de partida é, de fato, a subjetividade do indivíduo e isso por razões estritamente filosóficas. Não porque sejamos burgueses, mas porque desejamos uma doutrina baseada na verdade (...) penso, logo, existo; é a verdade absoluta da consciência que apreende a si mesma. (...) para que haja uma verdade qualquer, é necessário que haja uma verdade absoluta; e esta é simples e fácil de entender, está ao alcance de todo mundo; consiste no fato de eu me apreender a mim mesmo, sem intermediário. (Sartre, 1987:15)

O homem historicamente considerado está, nesta perspectiva, mergulhado em uma realidade existencial de dupla face: por um lado, a condição humana, os limites circunstanciais e históricos dados ao homem traduzem a objetividade que, como passado, se apresenta inexorável, mas como futuro é um conjunto de possibilidades abertas a partir de nossas próprias ações; por outro lado, tais escolhas, assim como perceber e interpretar o mundo, os outros, o tempo, traduzem sempre a responsabilidade individual e subjetiva do homem frente à subjetividade. Para Sartre:

(...) os pensadores contemporâneos falam mais freqüentemente da condição do homem do que de sua natureza. Por condição, eles entendem, mais ou menos claramente, o conjunto dos limites *a priori* que esboçam a sua situação fundamental no universo. As situações históricas variam: o homem pode nascer escravo numa sociedade pagã ou senhor feudal ou proletário. O que não muda é o fato de que, para ele, é sempre necessário estar no mundo, trabalhar, conviver com os outros e ser mortal. Tais limites não são nem objetivos, nem subjetivos; ou, mais exatamente, têm uma face objetiva e uma face subjetiva. São objetivos na medida em que podem ser encontrados em qualquer lugar e são sempre reconhecíveis; são subjetivos porque são vividos e nada são se o homem os não viver, ou seja, se o homem não se determinar livremente na sua existência em relação a eles. E, embora os projetos humanos possam ser diferentes, pelo menos nenhum deles permanece inteiramente obscuro para mim, pois todos eles não passam de tentativas de transpor esses limites, ou para afastá-los ou para negá-los, ou para se adaptar a eles. Conseqüentemente, qualquer projeto, por mais individual que seja, tem um valor universal. (Sartre, 1987:16)

Em *A imaginação,* publicado originalmente em 1936, Sartre faz exatamente um rastreamento na história da filosofia tendo como categorias de análise centrais a imagem, a imaginação e a consciência. Ao discutir o desenvolvimento do associacionismo, especialmente em Hume, e as reações filosóficas que procuraram resgatar um sujeito, reagindo à ameaça mecanicista do homem como associação de imagens, Sartre identifica um resgate do *cogito* cartesiano no século XIX. Agora não mais sustentado por idéias *a priori* (as "idéias inatas"), mas por novos métodos para analisar o teor do pensamento humano, que estaria para além das percepções e imagens do mundo material: os valores, a família, o Estado, a ordem. Enfim, ideais associados à própria civilização. Tal análise, entretanto, não se sustenta a não ser no plano epistemológico e/ou semiótico, e indica o terreno no qual Sartre já pode ser preliminarmente aproximado de Foucault. Para Sartre, como reação ao associacionismo britânico e suas implicações sociopolíticas:

A psicologia será rejeitada para o terreno das sensações e das imagens. A afirmação da existência de um pensamento puro subtrai o entendimento mesmo às descrições psicológicas: ele não pode constituir um objeto a não ser de um estudo epistemológico e lógico de significações. Mas a existência independentemente dessas significações vai talvez nos parecer um contra-senso. Com efeito, devemos tomá-las ou como um *a priori* existindo no pensamento ou como entidades platônicas. (Sartre, 1987:42)

Este é o terreno em que se desenvolve o trabalho de Michel Foucault. A ontologia de Foucault é totalmente distinta da de Sartre. Foucault foi inicialmente identificado por alguns como estruturalista, na medida em que, a exemplo do que fez Saussure na lingüística ou Lévi-Strauss na antropologia, buscou mapear e analisar transformações históricas nas

Objetividade x Subjetividade 39

estruturas simbólicas, aqui tomadas em sentido amplo (este foi o esforço de *As palavras e as coisas* de 1966). Através do levantamento de arquivos de instituições psiquiátricas (aproximando medicina e psicologia) Foucault analisa as "formações discursivas" de cada época como interpretação histórica, de modo a reconstruir as formas do saber humano retratado em suas práticas e instituições:

> (...) a história das instituições (...) consistiria em fazer emergir o arquivo (...) no movimento mesmo de sua formação, como um discurso se constituindo e se confundindo com o movimento mesmo (...) com as instituições, alterando-as; reformando-as. Tentar-se-ia reconstituir a imbricação do discurso no processo, na história. (Foucault, 1986:130)

Sua primeira fase está traduzida no título da obra que a encerra, *Arqueologia do saber* (1969). Na fase seguinte Foucault irá procurar interpretar a transformação histórica dos saberes (por que os saberes se transformam?) chegando a uma "genealogia do poder", expressa em *Vigiar e punir* (1975) e *História da sexualidade* (1976/84/85). Nesta perspectiva, a história é o próprio registro das diversas etapas de relações entre as palavras (formações discursivas — saber) e as coisas (o ser-em-si de Sartre), e pode ser explicada em seus desdobramentos "descontínuos" por diagramas de poder, táticas e estratégias, por vezes veladas e cotidianas. Tais diagramas, entretanto, não estão concentrados, como supunham os filósofos anteriores, apenas no Estado ou no governo, mas nas próprias relações cotidianas: a micro física do poder, que está, em Foucault, pulverizada em todas as formações discursivas. Nesta perspectiva, o saber antigo, assim como o medieval ou o moderno, foram formas típicas de controle e poder. O saber contemporâneo (como mais uma *epistéme* histórica), sustentado pela ciência, dissimula e recria com sutileza as formas de vigilância e punição. O indivíduo é aí uma construção, um desdobramento simbólico, erigido sobre as atuais "formações discursivas"; o indivíduo pode julgar-se livre (como quer Sartre) e de algum modo igual a todos os homens, mas é na realidade um produto peculiar da estrutura histórica saber/poder contemporânea. O poder, por outro lado, como sugerem os marxistas, concentrado apenas a serviço de uma minoria, está em tudo e em todos: é uma força produtiva à sombra do homem e da humanidade; não é apenas repressivo, mas também criativo e constitutivo. Questionado quanto a suas colocações sobre o poder, Foucault afirma:

> Não vejo quem — na direita ou na esquerda — poderia ter colocado este problema do poder. Pela direita, estava somente colocado em termos de constituição, de soberania, etc, portanto em termos jurídicos; e, pelo marxismo, em termos de aparelho de Estado. Ninguém se preocupava com a forma como ele se exercia concretamente e em detalhe, com sua especificidade, suas técnicas e suas táticas. Contentava-se em denunciá-lo no 'outro', no adversário, de uma maneira ao mesmo

40 Luís Gonzaga Mattos Monteiro

tempo polêmica e global; o poder no socialismo soviético era chamado por seus adversários de totalitarismo; no capitalismo ocidental, era denunciado pelos marxistas como dominação de classe; mas a mecânica do poder nunca era analisada. (Foucault, 1986:6)

A ciência é a forma de verdade nos discursos atuais, onde se sustentam, contemporaneamente, novas estratégias e táticas de poder. Filosofia, sociologia e psicologia, por exemplo, são formas do saber onde o poder se materializa em discursos, cristalizados em fichas e arquivos, como no surgimento do hospital ou da clínica:

> Podemos então supor na nossa civilização e ao longo dos séculos a existência de toda uma tecnologia da verdade que foi pouco a pouco sendo desqualificada, recoberta e expulsa pela prática científica e pelo discurso filosófico. A verdade aí não é aquilo que é, mas sim aquilo que se dá: acontecimento (...) Deste acontecimento que se produz impressionando aquele que o buscava, a relação não é de objeto a sujeito do conhecimento de conhecimento. É uma relação ambígua, reversível, que luta belicosamente por controle, dominação e vitória: uma relação de poder. (Foucault, 1986:114)

Em Foucault o poder ou a dominação ultrapassam as considerações tradicionais do marxismo ou do liberalismo. Embora a reconstrução do saber em Foucault seja uma perspectiva crítica e engajada, voltada a um desmascaramento epistemológico da própria ciência, se distingue do marxismo exatamente quanto a esta questão do poder:

> Por dominação eu não entendo o fato de uma dominação global de uns sobre os outros, ou de um grupo sobre outro, mas as múltiplas formas de dominação que podem se exercer na sociedade. Portanto, não o rei em sua posição central, mas os súditos em suas relações recíprocas: não a soberania em seu edifício único, mas as múltiplas sujeições que existem e funcionam no interior do corpo social. (Foucault, 1986:181)

Estas considerações preliminares já permitem situar os trabalhos de Sartre e Foucault em relação a algumas questões centrais do século XX; marxismo e liberalismo se desdobram em interpretações contemporâneas a serem criticadas permanentemente.

Em muitos outros pontos seria fértil aprofundar o debate. O conceito de absurdo sartriano (como abundância de materialidade frente à qual a consciência reflexiva enquanto para-si se esforça em busca de razões e explicações) pode ser aproximado do conceito de acontecimento foucaultiano (em que as estruturas de saber/poder de cada época — enquanto *epistémes* históricas — se constituem em formações discursivas que buscam legitimar exercícios e formulações frente aos fatos concretos, como se dão).

Objetividade x Subjetividade   41

Os conceitos de liberdade e poder estão também em constante interação na reflexão de nossos autores e, de algum modo, apontam os limites da discussão circunscrita entre psicologia (teorias e práticas ligadas à subjetividade) e a própria manifestação da loucura como forma de negação do mundo (como um desafio às verdades de uma sociedade), onde subjetividade e objetividade aparecem complexamente imbricadas. Nesta perspectiva, Sartre e Foucault transitam entre a crítica social e a epistemologia em psicologia; entre ciência e filosofia, sugerindo a crítica social e a autocrítica, quanto aos valores tomados como verdadeiros e convicções pessoais respectivamente.

As chamadas escolas psicológicas convencionais estão, cada uma a seu modo, ancoradas nestas mesmas problemáticas, o que supõe aquilo que inicialmente apontamos como crítica implícita aos paradigmas tradicionais. Os problemas são, também aqui, de natureza epistemológico-metodológica e/ou ético-ontológica e, nessa ótica dizem respeito necessariamente ao modo como são construídas as hipóteses em teorias da subjetividade; até que ponto há demonstrabilidade, verificabilidade e intersubjetividade quanto aos problemas tratados e/ou até que ponto estamos no plano dos valores e convicções metafísicas.

Agora é possível, mais uma vez, sugerir por que o neomarxismo deve permanecer como um pano de fundo no avanço teórico. Ao discutirmos historicamente os problemas do homem e da sociedade, passando pelas abordagens teóricas que aqui apresentamos sintética e simplificadamente, permanece a questão das formas de determinismo (não apenas as sugeridas por Marx, mas também as de natureza sociocultural e/ou biológica, de algum modo presentes nas escolas psicológicas clássicas) em oposição à perspectiva de um homem indeterminado e, portanto, ontologicamente livre, como sugere Sartre.

As demonstrações e avanços, que a psicologia como "ciência" tem realizado, podem ser tomados como verdades quanto à subjetividade humana. Mas é preciso considerar duas coisas: em primeiro lugar, o desenvolvimento da ciência pode tornar-se problemático, sendo de superação absoluta, como na relação entre Ptolomeu e Copérnico, ou de superação parcial e ampliação, como na relação entre Newton e Einstein; em segundo lugar, como sugerem apropriadamente Habermas e Foucault, a ciência avança calcada em determinados interesses de natureza econômica e política, o que torna as verdades científicas um produto histórico sujeito a críticas epistemológicas como as desses autores. Dentro de outra perspectiva, é preciso considerar que as questões éticas estão para além dos limites da ciência, são de natureza metafísica e, neste sentido, permanecem como norteadores fundamentais como o universalismo ético, o individualismo ético e a própria reflexão racional enquanto paradigma. Liberdade, democracia, justiça e igualdade, por exemplo, não são verdades científicas mas juízos metafísicos de valor. É aí que o socialismo como valor conceituai permanece sendo um horizonte utópico racional aberto, justificando a

42 Luís Gonzaga Mattos Monteiro

manutenção da reflexão neomarxista como base teórica a ser constantemente recolocada.

Os problemas conceituais estão assim imbricados entre as questões epistemológíco-metodológicas e as ético-ontológicas, muito especialmente no que tange à discussão crítica de teorias da subjetividade e de novos paradigmas para a psicologia. São quatro questões que estão colocadas: Qual a lógica e quais as condições condicionantes da construção do nosso saber (questão epistemológica)? Como verificamos as hipóteses que consideramos compatíveis com tal saber (questão metodológica)? Até que ponto o homem está subjetivamente e/ou objetivamente determinado, e quais os fatores (questão ontológica)? E, finalmente, qual é o futuro preferível e por quê (questão ética)?

Respondendo a essas questões, é possível recolocar nossos problemas conceituais, distinguindo, em um primeiro plano, demonstrações científicas (ainda que questionáveis de muitas maneiras) do plano das convicções metafísicas (eticamente necessárias, embora exigindo permanente crítica e autocrítica no confronto com a realidade). Na interseção destes dois planos estão colocadas as relações entre valores como universalismo e individualismo éticos e a realidade empírica na qual estamos todos mergulhados carecendo sempre de mais reflexão quanto à interação complexa entre objetividade e subjetividade. O que interessa, portanto, é que nossa crítica possa transitar entre a ciência e a filosofia, indo do homem concreto no cotidiano presente à reflexão filosófica quanto ao futuro, e vice-versa.

Considerações Finais: A Perspectiva de uma Psicologia Crítica

A necessidade, teórica e prática, de tratarmos as relações entre objetividade e subjetividade justifica a adoção de certos fundamentos epistemológicos na busca de novos paradigmas em psicologia. Tanto a manutenção de bases reflexivas neomarxistas como o sugerido abandono dos preconceitos teóricos envolvem esta questão epistemológica que distingue os critérios da ciência dos pressupostos metafísicos, mantendo a crítica a ambos.

Ao considerarmos o discurso "científico" na área da psicologia surgem vários problemas. Eles vão da acusação de que a demonstrabilidade experimental do behaviorismo é prejudicada filosoficamente por uma abordagem exageradamente mecanicista, até a indemonstrabilidade do inconsciente psicanalítico, passando por polêmicas nas afirmações, por vezes discutíveis, de ciências como a neurofisiologia, a neurologia, a psiquiatria, etc.

Por outro lado, os aspectos relativos à ontologia humana, tomada como questão filosófica, e portanto metafísica, incluem desde os problemas da psicanálise até a defesa de determinados princípios éticos que nunca foram, e jamais serão, científicos. O homem é um processo em

Objetividade x Subjetividade 43

transformação, em intercâmbio constante com condições igualmente cambiantes. Descrever simplesmente tal relação complexa tem sido um esforço relativamente bem-sucedido da ciência, mas os níveis explicativo-preditivo e principalmente prescritivo (em que ética e empirismo se cruzam) ainda guardam muitas incertezas e exigem muitas críticas.

Seja como for, existem aí algumas possibilidades em discussão. Como Sartre já enfatizara, estamos condenados a alguma escolha, ainda que seja nada escolher. O modo como a realidade está dada é, entretanto, indiscutível (é o nível descritivo da ciência). As graves distorções sociais que se verificam no Brasil, na América Latina e no mundo de maneira geral, impõem algumas responsabilidades àqueles que pretendem tratar criticamente as relações entre objetividade e subjetividade.

As rápidas transformações no mundo contemporâneo, as novas estratégias do capitalismo avançado, a desintegração da economia e da política no socialismo soviético, o aumento da consciência da aldeia global calcado nos avanços da telemática e dos valores ecológicos, tudo isso torna os horizontes confusos e pouco definidos. Novas abordagens filosóficas tentam tratar tais questões na ótica do que tem sido chamado de pós-modernidade (como já anuncia o trabalho de Foucault).

Para além das considerações de Sartre e Foucault, na busca de uma psicologia crítica, é preciso superar preconceitos e limites, tratar a ciência e a metafísica, absorvendo criticamente suas possíveis contribuições e transpondo os limites tradicionais. É preciso adotar uma consciência interdisciplinar que aponte não apenas para uma psicologia crítica, mas para as ciências humanas em geral. Por isso, defendemos um compromisso teórico e prático, voltado à crítica social a partir de bases neomarxistas que possam manter um horizonte utópico humanista.

Bibliografia

ANDERSON, P. (1987). *A crise da crise do marxismo*. São Paulo, Brasiliense.
_____ (1989). *Considerações sobre o marxismo ocidental*. São Paulo, Brasiliense.
BOTTOMORE, T. (org.) (1981). *Karl Marx*. Rio de Janeiro, Zahar.
(1988). *Dicionário do pensamento marxista*. Rio de Janeiro, *Zahar.*
ELSTER, J. (1989a). *Marx hoje*. Rio de Janeiro, Paz e Terra.
_____ (1989b). "Marxismo, funcionalismo e teoria dos jogos". In: *Lua Nova,* 17, São Paulo.
FOUCAULT, M. (1978). *História da loucura*. São Paulo, Perspectiva.
_____ (1984). *Doença mental e psicologia*. Rio de Janeiro, Tempo Brasileiro.
_____ (1986). *Microfísica do poder.* Rio de Janeiro, Graal.
_____ (1987a). *Vigiar e punir*. Petrópolis, Vozes.
_____ (1987b). *História da sexualidade I: a vontade de saber.* Rio de Janeiro, Graal.

_____ (1992). *As palavras e as coisas*. São Paulo, Martins Fontes.
HABERMAS, J. (1980). *A crise de legitimação no capitalismo tardio*. Rio de Janeiro, Tempo Brasileiro.
_____ (1984). *Mudança estrutural da esfera pública*. Rio de Janeiro, Tempo Brasileiro.
_____ (1987a). *Conhecimento e interesse*. Rio de Janeiro, Guanabara.
_____ (1987b). *Teoria de la acción comunicativa*. Madrid, Taurus.
_____ (1990). *Para a reconstrução do materialismo histórico*. São Paulo, Brasiliense.
HEIDBREDER, E. (1981). *Psicologias do século XX*. São Paulo, Mestre Jou.
HELLER, A. (1983). *A filosofia radical*. São Paulo, Brasiliense.
_____ (1985). *O cotidiano e a história*. Rio de Janeiro, Paz e Terra.
_____ (1986). *Teoria de las necesidades en Marx*. Barcelona, Península.
_____ (1987). *Sociologia de la vida cotidiana*. Barcelona, Península.
KORSCH, K. (1977). *Marxismo e filosofia*. Porto, Afrontamento.
KOLAKOWSKI, L. (1985). *O espírito revolucionário e marxismo: utopia e antiutopia*. Brasília, UnB.
LANE, S. T. M. e CODO, W. (orgs.) (1985). *Psicologia social: o homem em movimento*. São Paulo, Brasiliense.
LUKÁCS, G. (1981). *Lukács — Sociologia*. São Paulo, Ática.
MONTEIRO, L. G. M. (1992). *Neomarxismo: indivíduo e subjetividade*. Florianópolis, UFSC. Dissertação de mestrado em Sociologia Política.
MARX, K. (1975). "Manuscritos econômicos e filosóficos de 1844". In: FROMM, E. *O conceito marxista do homem*. Rio de Janeiro, Zahar.
_____ (1978). *O Dezoito Brumário de Luís Bonaparte e Cartas a Kugelmann*. Rio de Janeiro, Paz e Terra.
_____ e ENGELS, F. (1980). *A ideologia alemã*. Lisboa, Presença.
_____ (1984). *Marx/Engels — História*. São Paulo, Ática.
PRZEWORSKI, A. (1989). *Capitalismo e social-democracia*. São Paulo, Companhia das Letras.
_____ (1988). "Marxismo e escolha racional". In: *Revista Brasileira de Ciências Sociais,* 3(6), São Paulo, Vértice.
SARTRE, J. P. (1963). *Crítica de la razón dialética*. Buenos Aires, Losada.
_____ (1964). *Lo imaginário*. Buenos Aires, Losada.
_____ (1983). *El ser y el nada*. Buenos Aires, Losada.
_____ (1987). *O existencialismo é um humanismo/A imaginação/ Questão de método*. São Paulo, Nova Cultural.
_____ et alii (1984). *Marxismo e existencialismo*. Rio de Janeiro, Tempo Brasileiro.
SCHULTZ, D. (1989). *História da psicologia moderna*. São Paulo, Cultrix.
TUCKER, D. F. B. (1983). *Marxismo e individualismo*. Rio de Janeiro, Zahar.

PSICOLOGIA SOCIAL:
ASPECTOS EPISTEMOLÓGICOS E ÉTICOS

BADER BURIHAN SAWAIA

O tema do presente artigo lembra a pergunta feita a Rousseau em 1750 (início da Revolução Científica) pela Academia de Dijon (França): O progresso da ciência e das artes contribuirá para purificar ou corromper os nossos costumes?

Para respondê-la, Rousseau fez outras questões, tais como: 1. Há alguma relação entre ciência e virtude? 2. Há alguma razão para substituir o conhecimento que temos da vida e que partilhamos com os outros homens pelo conhecimento científico, produzido por poucos e inacessível à maioria?

Perguntas simples, que Rousseau respondeu com um sonoro não (Souza Santos, 1987).

Hoje, quase duzentos e cinqüenta anos depois, somos testemunhas das transformações que o conhecimento científico produziu: usufruímos dos fantásticos avanços da tecnologia, mas sofremos suas terríveis mazelas. Ficamos deslumbrados com o aumento sem limites da produção de alimentos e outros bens, mas nos revoltamos com a elevação (proporcional) da miséria. Vibramos e aplaudimos médicos habilidosos que realizam transplantes inimagináveis poucos anos atrás, para salvar uma vida humana, mas choramos a morte de centenas de outras, por cólera, fome, tuberculose (doenças que se pensava terem sido erradicadas pela ciência). Brindamos o fim da guerra fria e da corrida armamentista, mas assistimos atônitos o ressurgir de arcaicos atavismos separatistas como a "limpeza étnica" na Bósnia-Herzegovina.

Por isso, hoje, na virada do século XX, perplexos, estamos novamente indagando sobre a relação entre ética e ciência.

Por que o conhecimento científico não se traduziu em sabedoria de vida?

A diferença é que nossas perguntas estão sendo feitas no momento em que se perdeu a confiança epistemológica na ciência.

Nos anos 60, reagindo ao paradigma científico dominante, buscamos a epistemologia crítica, mas sucumbimos, nos anos 80, à epistemologia da angústia, frente à constatação de que as três fontes de valores das sociedades contemporâneas foram insuficientes para servirem como pressuposto para um projeto de vida e ação: nem a ciência, nem a religião, nem a revolução nos deram respostas.

O otimismo iluminista de que o homem faz a história foi substituído pela modéstia de que ele nem sempre faz como deseja, para depois chegar-se à constatação de que o homem faz a história em direção oposta às suas necessidades, tanto nas sociedades regidas pela lógica do planejamento, quanto nas sociedades que funcionam sob a lógica do mercado.

Felizmente, a década de 80, que está sendo chamada de "década perdida"[1], está no fim, e os lamentos se transformam em questionamentos.

Boaventura Souza Santos (sociólogo da Universidade de Coimbra) afirma que, neste momento de revolução científica que ocorre numa sociedade transformada pela própria ciência, o paradigma a emergir não pode ser apenas científico, tem que ser ético-social e propõe, provisoriamente, "o paradigma ou um conhecimento prudente para uma vida decente". (Souza Santos, 1987)

Impossível discordar desta reflexão e de inúmeras outras nesta direção, como a de Brecht quando afirma: "Eu sustento que o único fundamento da ciência está em eliminar a miséria humana", ou de Horkheimer: "A importância do trabalho científico não é seguir as regras gerais do método, discutir procedimentos indutivos ou dedutivos. A necessidade da ciência está presa a um juízo existencial: libertar a humanidade do jugo da ignorância".

Mas, se não discordarmos, temos de ter cautela para que estas reflexões não se transformem em mais um apelo à introdução da ética no conhecimento, como inúmeros outros que ecoam, hoje, na sociedade, pela ética na política, ética na educação, ética na economia, como se ética fosse um fetiche — um amuleto capaz de mudar a história das sociedades e do conhecimento.

Ela não é absoluta, compreensível em si, não tem objetividade natural e sim objetividade social, depende das atividades dos homens, pois é expressão e resultado das relações e situações sociais. (Heller, 1972)

Além disso, não se trata de introduzir a ética como pressuposto da ciência e da prática. A ética sempre esteve inscrita na epistemologia. O paradigma científico dominante é que as separou aprisionando a epistemologia ao "como se conhece" e "ao que é" — e ética, ao que "deve ser". Mas "o que é" contém o "dever ser", que por sua vez é definido pelo "o que é". Adão e Eva, quando comeram a maçã, aprende-

---

1. A década perdida aumentou o número de pessoas em situação de probreza absoluta no Brasil. Nos anos 80, eram cerca de 29 milhões. Em 1991, o número já atingia 39 milhões (dados fornecidos pelo IBGE).

ram que não se pode separar a esfera das coisas da esfera dos valores. O mesmo aconteceu com Prometeu ao receber o castigo dos deuses por ter ensinado o segredo do fogo aos mortais. Galileu, Bacon, Descartes e Newton construíram a metáfora do mundo como máquina perfeita escrita em linguagem matemática, referendada na crença de um criador externo — Deus perfeito — que só poderia ter criado um mundo perfeito. Esta metáfora tornou-se o pressuposto epistemológico fundamental da ciência moderna e da metodologia científica, servindo de base à instauração do debate sobre livre-arbítrio entre homem/passivo/ativo, ordem/conflito, uno/múltiplo.

Estas cisões são construções do conhecimento e deveriam ser vistas como idéias reguladoras do pensar, mas se transformaram em idéias reguladoras do próprio objeto, definindo-o de forma absoluta, como a concepção de natureza humana que condenou o homem a um destino inexorável nas Ciências Humanas.

Nos anos 60, conforme já dissemos, irrompeu um movimento de denúncias à suposta neutralidade do conhecimento científico e conseqüente revisão epistemológica, orientada por pressuposto ético-político, com base no materialismo histórico-dialético.

Este referencial politizou o conhecimento (situando-o como mediação nas relações de poder), historicizou os fenômenos humanos e derrubou o mito da ciência-que-conduz-ao-progresso e o da ciência-pura e imaculada (Japiassu, 1975) contrapondo-lhes a "filosofia da práxis". Mas caiu num dos erros que queria evitar — a redução da diversidade ao *um,* sucumbindo ao mito da teoria unitária que se traduziu, na prática, na síndrome do *happy end* (como se a superação da propriedade privada dos meios de produção significasse a liberdade para sempre)[2] e na divisão maniqueísta dos homens entre os que fazem a história e os excluídos dela. Enfim, reificou o homem e a sociedade em categorias generalizantes que se bastavam a si mesmas, anulando a necessidade de pesquisas.

Até mesmo a ética marxiana que, na minha opinião, deve sempre orientar o conhecimento, pois o faz em direção à emancipação dos homens das humilhantes condições de vida, se transformou em "retórica ética" (conforme expressão de nosso querido mestre Joel Martins), ou seja, num conjunto de proposições de valores normativos.

Minha intenção com esta introdução prolongada foi alertar sobre o perigo do apelo pela ética na epistemologia se transformar em discurso moralizador ou negador da ciência. Por isso, retomo o que foi dito anteriormente: não se trata de introduzir a ética na epistemologia, mas de desvelar sua presença, de transformar a retórica ética em ética retórica ou dialógica, para permitir a discussão e a transformação dos valores.

---

2. Os trabalhos de Psicologia Comunitária, Pesquisa-Ação, pesquisa participante também apresentavam tal clima. A maioria dos relatórios descreve em tom triunfalista a mobilização popular conseguida (muito importante) como se tivessem desencadeado um processo, sem volta, rumo à felicidade.

É preciso entender que as ciências, especialmente as humanas, estão inseridas no reino da ética e que o debate epistemológico é regulado por valores de vida, morte e poder. Enunciar um discurso sobre a relação homem e sociedade é formular um discurso sobre valor. Conseqüentemente, neste raciocínio, o ponto essencial, aquele sem o qual a arquitetura toda da teoria e da prática corre o risco de implodir, é a ética, pois é ela que qualifica a teoria e a prática social.

No âmbito da Psicologia Social, isto significa:

1. Aceitar que o psicossocial é eminentemente ético. E o que é mais importante, a ética não é questão de uma supranatureza ou um estado absoluto definido por mentes privilegiadas ou por uma suposta natureza humana, ela é histórica e aflora como condição necessária à vida em sociedade. "A amarração indissolúvel do homem ao homem é, em última instância, o fundamento de toda ética". (Maturana, 1987)[3]

2. Esta perspectiva analítica permite falar da liberdade não como característica da natureza humana ou do homem como membro da natureza, mas do homem como cidadão de um reino de fins, reafirmando a concepção de essência humana como conjunto de possibilidades históricas.

3. Significa aceitar, também, que a ética não é esfera autônoma, mas fenômeno imanente à subjetividade construída ao longo da história do indivíduo, dentro de contextos sócio-históricos específicos. Ela perpassa o pensar, o agir e o sentir, bem como a consciência, a identidade, a atividade e a afetividade. Considerá-la na análise psicossocial é superar as teorias reducionistas que definem o homem apenas por uma de suas partes constitutivas.

Adorno afirma no seu livro *Mínima moralia* (1993) que a inteligência é categoria moral. Heller, filósofa neomarxista, colocou a temática do indivíduo no centro da reflexão teórico-prática marxista e, ao fazê-lo, apresenta a questão do indivíduo "como ético-política, embora também psicológica". (Carone, 1984:14)

Necessidade e sentimento não são pulsões naturais e nem funções unicamente orgânicas e biológicas universais, são representações sociais que, além da singularidade, expressam determinações sociais, morais, éticas e ideológicas complexas. Cada momento histórico tem categorias orientadoras de valor que se tornam princípios organizadores do pensamento, sentimento[4] e das necessidades e ações dos homens. Por outro lado, a subjetividade é mobilizada para que o social seja introjetado como operacionalidade cognitiva, como proibição de certos conteúdos

---

3. Hoje, quando as fronteiras nacionais foram rompidas, não existe saída duradoura para cada povo fora de uma ordem baseada no princípio de solidariedade universal.

4. Até a flecha de cupido e a servidão são orientadas por esses valores. Por exemplo: aprendemos que devemos respeitar os mais velhos e as autoridades investidas.

e como moralidade. Por exemplo, o ato de roubar não é impulsionado pela falta de algo, mas pela forma como a carência é representada, o que vai depender, dentre outras coisas, da maneira como a ética foi introjetada na memória, na consciência e na identidade. Quando o faminto ancora a carência em valores de honestidade, de respeito à propriedade privada e na esperança subjetiva de um mundo melhor após a morte, dificilmente roubará, e, se também ancora em valores e sentimentos de cidadania, não sucumbirá, passivamente, à inanição.

A ética se expressa como desejo, paixão, conhecimento, ao mesmo tempo que é mediada por eles no movimento de subjetivação da objetividade e de objetivação da subjetividade.

Os homens não escolhem valores éticos, eles não optam entre o bem e o mal, objetivamente; o que escolhem são idéias, alternativas, necessidades, as quais são portadoras de conteúdos axiológicos objetivos.

Portanto, o compromisso ético não é uma questão de persuasão ou opção puramente racional entre virtude e pecado. Ele é vivido como necessidade do eu, como desejo, motivação. Mesmo quando o indivíduo age em nome do bem comum, a atividade implica o exercício da motivação individual. Ninguém é movido por interesses universais abstratos e não se pode pedir ao homem que abandone a esfera pessoal de busca da felicidade. Mas se deve impedir que esta busca cerceie a dos outros ou implique a instrumentalização da alteridade.

"Agimos por interesse privado, mas o devemos fazer em nome do bem comum". (Gianotti, A. Tendências e Debates, p. 1,2, *Folha de S. Paulo,* 2.2.1993), pois estamos todos, inexoravelmente, ligados uns aos outros.

Entender por que isto não ocorre é o desafio das ciências do homem, cabendo, especialmente à Psicologia Social, compreender por que o homem, que é um ser de relações que sabe que sem o outro não há humanidade, transforma a alteridade em luta contra o outro e mesmo assim vive a ilusão da independência. Por que o homem, que é unidade na diversidade, sucumbe ao modelo único da moral do mercado (neoliberalismo) que estimula o ressentimento entre os homens e a luta de um contra o outro?

Há quatro anos eu diria que estas questões são de ordem da consciência e da conscientização, explicáveis pela alienação e pela ideologia. Continuo acreditando nas possibilidades destas categorias, mas é preciso ter criticidade para aceitar que elas foram fetichizadas em categorias generalistas, passando a explicar os fenômenos antes mesmo de os conhecer (Heller, 1991) e oferecendo modelos rígidos de comportamento e de certo e errado.

A consciência tornou-se sinônimo de razão e a ação política, conscientizadora de ação racional. O sentimento e a emoção foram vistos como elementos nocivos, portanto, veementemente combatidos. Alienação e ideologia tornaram-se adjetivos da consciência a partir dos quais rotulavam-se grupos de pessoas, separando maniqueistamente os sujeitos da história dos excluídos dela. A comunidade também foi reificada como lugar mágico da ação transformadora, esquecendo-se que ela é idéia de valor, tanto quanto o são os conceitos de consciência, ideologia e alienação.

Hoje, mais que nunca, continuamos em busca da superação do processo de alheamento do homem das questões ético-humanas. Mas sabemos, agora, que é preciso evitar que ele se perca, em nossas pesquisas, em categorias generalistas ou seja reduzido a uma das esferas em que foi cindido na ciência: mente ou corpo, objetividade ou subjetividade, razão ou emoção e pensamento ou ação.

Precisamos, portanto, pensar desfetichizadamente, operando as categorias de ideologia e alienação de forma a perguntar sobre idéias, sentimentos, motivações e necessidades individuais, em vez de imputar idéias aos homens, partindo da concepção de que a consciência dos sujeitos contemporâneos está completamente ideologizada. (Heller, 1991:213)

A consciência deve ser considerada na sua forma de conhecimento explicativo, como também no seu aspecto intuitivo-emocional, e o processo de conscientização deve contemplar desejos, necessidades e emoções individuais e coletivas.

À luz do exposto, considero ser nosso dever buscar recursos estimulantes da reflexão desfetichizante na área das Ciências Humanas, elegendo, como objeto de estudo, temas que permitem trabalhar as categorias fundamentais de nossas ciências, no caso da Psicologia Social: consciência, alienação, ideologia e identidade, sem cristalizá-las em categorias lógicas, devolvendo-lhes vida e historicidade.

Nesse sentido, ouso sugerir um objeto de estudo sobre o qual venho refletindo ultimamente: "o sofrimento ou mal-estar psicossocial"[5], pela sua potencialidade de superar ontologias regionais em busca de uma ontologia total capaz de fundir ciências naturais, biológicas e sociais e conhecimento científico e virtude. Entendendo por sofrimento a fixação do modo rígido de estado físico e mental que diminui a potência de agir em prol do bem comum, mesmo que motivado por necessidades do eu, gerando, por efeito perverso, ações contra as necessidades coletivas e, conseqüentemente, individuais.

Este sofrimento corrói o sistema de resistência social. Age rompendo o nexo entre o agir, o pensar e o sentir. O processo que usa é a supressão da emoção por senti-la suspeita e por não saber transformá-la em pensamento e ação, bem como a anulação do pensar na atividade, por considerar seu trabalho uma ação entre coisas que independem entre si mesmo. As condições favorecedoras da sua disseminação são a miséria, a heteronomia e o medo. Sua forma de contágio é o isolamento

---

5. Esta expressão foi inspirada no texto de Hernan San Martin, "La salud psicosocial: conceptualización en La realidad social de la America Latina", in: RIQUELME, U., H. (1990). *Buscando America Latina — identidad y participación psicosocial.*

social. A seqüela que deixa é a passividade, o alcoolismo e o fatalismo, a vergonha e o medo, o que o faz ser confundido com preguiça e irresponsabilidade. O sofrimento psicossocial tem sido nomeado de: desamparo ou desesperança aprendida (Seligman, 1977), zero afetivo (Sartre, 1965), alienação (Marx, 1981), servidão voluntária (La Boétie, 1982), doença dos nervos (portadores).

O sofrimento ou mal-estar psicossocial precisa ser analisado como mediação (passagem) de outras mediações conjunturais, estruturais, históricas e subjetivas, o que significa olhá-lo através da miséria assustadora, do apodrecimento da máquina estatal e da ética minimalista que caracteriza as sociedades contemporâneas, isto é, da ética reduzida à retórica, de forma a se aceitar que as pessoas podem agir da forma que quiserem, desde que bem justificada.

É fantástica a habilidade da sociedade para recriar novas formas de sofrimento psicossocial com extrema rapidez: hoje a luta pelo direito à diversidade transforma-se em luta contra o outro e por si mesmo, a tolerância, em condescendência com as excentricidades e a reciprocidade em devolver ofensas ou é "dando que se recebe". Socorrem-se pessoas em perigo, sim, mas só quando se trata de causas naturais, no entanto não se acode o faminto, o que significaria superar o comportamento particularista em direção ao coletivo.

Assustados, hoje, deparamo-nos com novas formas de conflitos étnicos (como a limpeza étnica na Bósnia e os sangrentos atentados neonazistas na Alemanha que provocaram no dia 30.5.93 o incêndio criminoso que matou cinco mulheres turcas), com novas formas de fundamentalismos religiosos, de ditaduras (ao estilo Fujimori na América Latina que derrubam instituições democráticas em nome do combate à corrupção, sob o aplauso da população), bem como uma nova forma associativa que pode se transformar em novas formas de colonização, como as ONGs.[6]

O sofrimento mental se manifesta, também, por exemplo: na fala de um *skinhead* (grupo nacionalista, violento, com características nazistas e descrença nos políticos) ao afirmar que está pensando em se casar, pois já está ficando velho e, quando isto ocorrer, vai se tornar "crente". Ele demonstra nesta fala a certeza de não conseguir sobreviver por conta própria e a necessidade de usar grupos fundamentalistas para suprir funções de sua competência como pensar, sentir e agir.

---

6. Alternativas modernas à política de Estado e aos movimentos sociais, tipo particular de organização que não depende nem econômica, nem institucionalmente do Estado e se dedica à tarefa de promoção social, educação, comunicação e investigação, sem fins lucrativos e cujo objetivo final é a melhoria de qualidade de vida dos setores oprimidos, apresentando ideologias variadas — desde um *Opus Dei* à *Green Peace* e recebem verbas internacionais. Na América Latina já existiam, em 1980, 13.600 ONGs, e o Banco Mundial, hoje, vem estimulando a criação de ONGs voltadas para a educação cuja palavra de ordem é comunidade.

Concluindo, quero enfatizar que colocar o sofrimento psicossocial como objeto de estudo é introduzir, na reflexão e ação da Psicologia Social, um apelo à democracia e ao socialismo do ponto de vista ético, sem cair em modelos moralizantes ou teorias fetichizadas. O sofrimento psicossocial, para ser enfrentado, exige a formação de necessidades, idéias e sentimentos radicalmente democráticos em todas as instâncias (coletivas e particulares, sociais e subjetivas), bem como da abundância de bens materiais.

Superá-lo não significa lutar, apenas, pelo homem racionalmente consciente dentro de instituições democráticas, mas por homens, conscientes, porque ricos em necessidades, livres de ditaduras impostas às suas emoções, ações e pensamentos, e abertos à alteridade. Portanto, enfrentar o sofrimento psicossocial é devolver ao homem os meios para traçar um caminho pessoal e original na organização de sua vida, meios estes que não se restrinjam, apenas, à capacidade de reflexão, mas à possibilidade de ter esperança e potencializar esta esperança em ação.

"No fim das contas, a esperança, na medida em que se arranca da realidade ao negá-la, é a única forma na qual a verdade se manifesta". (Adorno, 1992)

Nessa perspectiva, um lugar privilegiado de prevenção do sofrimento psicossocial é o local em que se convive com os pares, diariamente, que é sentido como o "meu lugar", no sentido de se aquecer o calor deste, material e subjetivamente, criando núcleos sociais, culturais e psicológicos geradores de acolhimento e solidariedade.

Segundo Heller (1987), "para não adoecer, o homem precisa de um lugar onde o esperam coisas conhecidas, hábitos, segurança e uma forte dose de sentimentos".

Trabalhar no local da vida cotidiana, que é o ponto fixo do qual o indivíduo parte e volta, diariamente, procurando transformar este lugar no ponto de segurança, afetividade e de tolerância à pluralidade de formas de viver, pode significar a desfetichização da práxis psicossocial em comunidade, colocando-a como meta relacionai, sem o romantismo saudosista do paraíso perdido, num momento histórico de rompimento das fronteiras nacionais em que o sistema global de comunicação transcende as realidades locais e nacionais.

Bibliografia

ADORNO, T. W. (1993). *Mínima moralia.* São Paulo, Ática.
BOÉTIE, E. de La (1982). *A servidão voluntária.* 2ª ed. São Paulo, Brasiliense.
CAPRA, F. (1982). *O ponto de mutação.* São Paulo, Cultura.
CARONE, I. (1989). Necessidade e individualização. Subsídios teóricos para uma Psicologia Social Marxista. Instituto de Psicologia

da USP. Relatos para uma Psicologia Social Marxista. Relatos Pesquisa Mimeo.

COSTA, M. R. (1992). *Os carecas do subúrbio: caminhos de um nomadismo moderno.* São Paulo, PUC-SP. Tese de doutorado.

ECHEBARRIA, A. e PÁEZ, D. (1989). *Emociones: perspectivas psicosociales.* Caracas, Editorial Fundamentos.

HELLER, A. (1972). *O quotidiano e a história.* Rio de Janeiro, Paz e Terra.

_____ (1978). *Teoria de las necesidades en Marx.* Barcelona, Ediciones Península.

_____ (1979). *Teoria de los sentimientos.* Barcelona, Editorial Fontamara.

_____ (1982). *Para mudar a vida.* São Paulo, Brasiliense.

_____ (1985). *The power of shame.* London, Routledge & Kegan Paul.

_____ (1987). *Sociologia de la vida cotidiana.* Barcelona, Ediciones Península.

_____ (1991). "A sociologia como desfetichização da modernidade". In: *Novos Estudos,* CEBRAP, São Paulo, 30, julho.

JAPIASSU, H. O. (1975). *O mito da neutralidade cientifica.* Rio de Janeiro, Imago.

LANE, S. T. M. e SAWAIA, B. B. (1991). "Community Social Psychology in Brazil". In: *Applied Psychology: an International Review,* 40(2): 119-142.

_____ (1991). "Psicologia: ciência e política?". In: MONTERO, Maritza (coord.). *Acción y discurso — problema de psicologia política en América Latina.* Venezuela, Eduven.

MARX, K. (1981). *Manuscritos econômicos y filosóficos.* Madrid, Alianza Editorial.

MATURANA, H. e VARELA, F. C. (1987). *El árbol del conocimiento, las bases biológicas del entendimiento humano.* Chile, Editorial Universitária.

PAÉZ, D. e ASÚN, D. (1992). "Clima emocional, estado de ânimo y conducta coletiva: el caso de Chile 1973-1990". In: *Comunicacción al Congresso Iberoamericano de Madrid,* julho (mimeo).

RIQUELME U., H. (ed.) (1990). *Buscando América Latina — identidady participación psicosocial.* Caracas, Editorial Nueva Sociedad.

ROUANET, P. S. (1990). "O olhar iluminista". In: NOVAES, Adauto (org.). *O olhar.* 3ª ed. São Paulo, Companhia das Letras.

SARTRE, J. P. (1965). *Esboço de uma Teoria das Emoções.* Rio de Janeiro, Zahar.

SELIGMAN, M. E. P. (1977). *Desamparo — sobre depressão, desenvolvimento e morte.* São Paulo, Hucitec.

SOUZA SANTOS, B. de (1988). *Um discurso sobre as ciências.* 2ª. ed., Lisboa, Edições Afrontamento.

A MEDIAÇÃO EMOCIONAL NA CONSTITUIÇÃO DO PSIQUISMO HUMANO

SILVIA T. MAURER LANE

Introdução

É de fundamental importância precisarmos as bases epistemológicas que norteiam os nossos estudos: partimos de uma postura materialista-histórica e dialética, o que implica uma concepção do ser humano como produto e produtor da história, ou seja, o homem irá se constituir como tal a partir do momento em que ele romper a escala filogenética, dando início a um processo ontogenético, decorrente de dois acontecimentos fundamentais: a descoberta da ferramenta e o desenvolvimento da linguagem.

A metodologia decorrente dessa postura estipula que as pesquisas devem partir de dados empíricos para se chegar ao concreto — ou seja, a essência do fenômeno estudado — mediante procedimentos de análise histórico-genéticos, conforme proposto por Vigotski. É sua a afirmativa de que:

a tarefa fundamental da psicologia dialética consiste precisamente em descobrir a conexão significativa entre as partes e o todo, em saber considerar o processo psíquico em conexão orgânica no marco de um processo integral mais complexo. (Vigotski, 1990:103)

E ao prosseguirmos nessa tarefa, constatamos que o fenômeno psicológico a ser estudado é a dialética entre subjetividade e objetividade. Ou seja, a realidade objetiva vivida pelo Indivíduo se torna subjetiva, a qual por sua vez se objetivará por meio de suas ações.

As Categorias Fundamentais do Psiquismo Humano

Dando continuidade aos estudos de Vigotski, Alex Leontiev (1978) sistematizou como categorias dialéticas que constituem o psiquismo humano a Atividade, a Consciência e a Personalidade, as quais se desenvolvem pela mediação da linguagem e do pensamento, portanto, na sua essência, são sociais, já que o ser humano só o é na relação com os outros.

Nossas investigações nos levaram, porém, a algumas reformulações. A primeira delas emergiu em várias pesquisas que apontavam para a Identidade como uma categoria, a qual culminou com o estudo de Antonio C. Ciampa (1987). Este, mediante a análise dialética de uma história de vida (Severina), constata que a Identidade Social se constitui num processo de metamorfose/cristalização do Eu decorrente do conjunto das relações sociais vividas pelo sujeito. Ciampa também aponta para a necessidade social das instituições darem espaços para desempenho de novos papéis menos rígidos que permitam a inovação da Identidade.

Segundo Leontiev, a personalidade se constituiria das características peculiares ao indivíduo decorrentes das interações sociais, sendo portanto um processo contínuo. É nessa ênfase que está a semelhança entre Identidade e o que o autor denomina de Personalidade. Julgamos que a substituição do termo evita os significados idealistas que este conceito traz historicamente.

Um segundo aspecto, emergente em várias pesquisas, foi a constatação da importância das emoções como uma mediação, ao lado da linguagem e do pensamento, na constituição do psiquismo humano.

Pesquisas que Apontaram para as Emoções

Gostaria aqui de mencionar algumas pesquisas que nos levaram a essa constatação.

O estudo de Bader Sawaia (1987) sobre o movimento da consciência de mulheres faveladas, participantes de uma atividade produtiva autogestionada, permitiu a análise dos processos de desenvolvimento da consciência por meio de suas falas quando entrevistadas — falas estas que narravam fatos e reflexões ocorridos. A autora observou, porém, que quando estas mulheres conversavam entre si, enquanto trabalhavam, estes mesmos fatos relatados eram relembrados, enfatizando as emoções sentidas — "Que alegria!", "Que raiva!", "Que decepção!" eram expressões constantes. Percebemos, então, quanto a expressão de emoções era algo que não se contava aos outros, ou que só tinha sentido para aqueles que viveram as mesmas situações. E nos questionamos quanto o esconder as emoções não seria ideológico. De fato, a objetividade, a precisão pareciam excluir qualquer emoção, pois esta comprometeria a fidelidade do que se relatava. O movimento da consciência, porém, parecia ser impulsionado por emoções que levavam à reflexão e à ação.

Outra pesquisa estudando a consciência, agora de gagos (tartamudos), feita por Silvia Friedman (1985), demonstrou que na gênese da gagueira havia um conteúdo emocional bastante forte que ela denominou de "ativação emocional" gerada por uma situação social paradoxal em que o "saber falar" conflitava com o "não saber falar" atribuído pelos outros ao redor dos sujeitos. Numa segunda pesquisa em que Friedman (1992) trabalhou o processo terapêutico da gagueira como desenvolvimento da consciência de "bom falante" de seus sujeitos, constatou com muita clareza que apenas o *saber* que poderia falar fluentemente não bastava para a superação de suas dificuldades, havia a necessidade também de uma "ativação emocional" para a concretização do processo terapêutico.

Em sua tese de doutorado, a enfermeira Edna Takahashi (1991) estudou as emoções em dois grupos de enfermeiros, os de UTI e os de Clínica Cirúrgica, e constatou a predominância de sentimentos de raiva e a repressão dos demais, chamando ainda a atenção para uma contradição: a enfermagem se define pelos cuidados integrais do paciente (biopsíquico-morais e físicos); por outro lado, espera-se do profissional uma atuação fria e controlada, como exigida pelas escolas. Takahashi questiona também se isto é possível. Conclui propondo que na formação do enfermeiro as emoções não sejam reprimidas mas sim, canalizadas para uma atuação mais afetiva, sem a qual os objetivos propostos jamais serão atingidos.

São inúmeros os estudos que apontam para a natureza social e o caráter comunicativo das emoções — ou seja, elas se constituem numa linguagem cujas mensagens podem tanto desencadear o desenvolvimento da consciência, como fragmentá-la.

Em um processo comunicativo existe sempre um emissor e um receptor e, sendo as emoções desenvolvidas socialmente, torna-se necessário também o estudo das instituições sociais que trabalham com mensagens emocionais — provavelmente o grande veículo ideológico.

Nessa direção, propusemo-nos a pesquisar como a religião, as artes, a família, a política e, principalmente, os meios de comunicação de massa enviam suas mensagens e como estas atuam sobre o psiquismo humano.

As Emoções e os Sentimentos

Outro ponto que suscitou muita discussão e reflexão de nossa equipe foi a diferença entre emoções e sentimentos. Agnes Heller forneceu importantes subsídios teóricos para esta questão (das emoções e sentimentos). A sua obra *Teoria de los sentimientos* (1980) nos ajudou a precisar com maior clareza o caráter social das emoções — que ela denomina de afetos — e a distinção entre estas e os sentimentos, os quais seriam mais duradouros, obedecendo a um jogo de figura — fundo, até aqueles que se incorporariam na personalidade do Indivíduo. Ou seja, as emoções, dado o seu caráter comunicativo, o empírico, seriam sempre "figuras", enquanto os sentimentos mais duradouros seriam ora "figura' ', ora" fundo". Um exemplo: a tristeza como emoção eu constato pela expressão facial, pelas lágrimas. A tristeza como sentimento, ela se oculta no "fundo", enquanto a Pessoa desempenha suas atividades cotidianas e é levada a se preocupar com outros detalhes de sua vida. Porém, se eu lhe perguntar "Como vai você?" ou "Como você está?", certamente a tristeza se tornará"figura" e ela me responderá' 'Triste".

Segundo a autora, os sentimentos significam que uma pessoa está implicada com algo ou alguém e este fato pode se constituir desde emoções simples até os sentimentos mais complexos que caracterizam a própria personalidade do indivíduo. Analisa também a relação entre os sentimentos e a linguagem verbal, mostrando como eles estão intimamente ligados, daí a natureza social das emoções e dos sentimentos. São suas estas palavras:

> (...) quero estabelecer como fato não menos empírico (...) que o campo de ação permitido pela sociedade atual, e o pensamento determinado por ela, produzem e fixam sentimentos particularistas, perpetuam e reproduzem a alienação dos sentimentos, o caráter irrestringível de certos afetos. O homem está unificado, porém a personalidade está cindida. (Heller, 1980:13)

Também retomamos Henry Wallon (1979) no que ele descreve como o desenvolvimento emocional da criança, enfatizando o caráter social e aprendido das emoções. Além do paradoxo que representam, ou seja, as emoções num primeiro momento nos paralisam, são elas também que desencadeiam pensamentos e ações. Wallon refuta todo o valor negativo atribuído às emoções e demonstra a sua importância no desenvolvimento infantil e na constituição do caráter da criança. Segundo este autor:

> As emoções podem ser consideradas, sem dúvida, como a origem da consciência, visto que exprimem e fixam para o próprio sujeito, através do jogo de atitudes determinadas, certas disposições específicas de sua sensibilidade. Porém, elas só serão o ponto de partida da consciência pessoal do sujeito por intermédio do grupo no qual elas começam por fundi-lo e do qual ele receberá as fórmulas diferenciadas de ação e os instrumentos intelectuais, sem os quais lhe seria impossível efetuar as distinções e as classificações necessárias ao conhecimento das coisas e de si mesmo. (Wallon, 1979:64)

Ambos os autores, Heller e Wallon, apontam para a estreita relação entre emoção, linguagem e pensamento, o que torna impossível seu estudo isolado, pois, desde muito cedo na vida do indivíduo, a sociedade, por meio da linguagem, integra-se no todo que o constitui.

E aqui relembramos Osgood et alii (1975), com seu Diferencial Semântico e o significado afetivo das palavras mostrando como universalmente as palavras que constituem a matéria-prima do nosso pensamento já trazem no seu significado conteúdos emocionais. É bom recordar que Leontiev fala em sentido pessoal referindo-se ao significado desenvolvido pelo Indivíduo, o qual inclui experiências e vivências pessoais.

Por intermédio destes autores reforçamos a nossa constatação da natureza mediacional das emoções na constituição do psiquismo humano. Elas estão presentes nas ações, na consciência e na identidade (personalidade) do indivíduo, diferenciando-se social e historicamente por meio da linguagem. Porém, a diferença entre emoções e sentimentos nos levou a indagar se o caráter de mediação envolvia apenas as primeiras (tão empíricas quanto a linguagem), e os sentimentos mais duradouros constituiriam de fato mais uma categoria do psiquismo humano, a qual denominamos *afetividade*.

Relendo Leontiev no capítulo referente à categoria Personalidade, verificamos que este autor considera as emoções e os sentimentos de extrema importância nas suas configurações, pois estão presentes no sistema motivacional que, levando à ação e à atividade, irão constituir características próprias que identificam a individualidade.

Também para Heller os sentimentos mais duradouros se incorporam à Personalidade: "Ao mesmo tempo, toda emoção que se converte em hábito emocional, é parte da personalidade emocional. Todo hábito emocional é um *atributo* da personalidade". (1980:136)

Se antes substituímos a categoria Personalidade por Identidade, constituída historicamente no conjunto das relações sociais do Indivíduo, agora tudo parece indicar que a Afetividade seja tão fundamental para o ser humano quanto a Consciência e a Atividade.

Hoje temos como desafio para nossas pesquisas investigar e precisar ontologicamente a existência desta categoria que logicamente se apresenta com consistência, pois, como demonstrou Vigotski, a linguagem e o pensamento são predominantes na constituição da Consciência. Emoções não poderiam ser para a Afetividade, e ambas as mediações constituiriam a Atividade? Nesta reformulação, a Identidade seria uma categoria síntese na qual a mediação das outras pessoas seria predominante. Não esquecendo jamais que estas categorias estão em mútua interdependência, umas embricadas nas outras, assim como as mediações se interpenetram.

A Questão do Inconsciente

O estudo das emoções não poderia deixar de nos levar à questão do inconsciente, que, dentro da postura teórica adotada, já fora tratada por Vigotski na sua obra *The psychology of art* (1971), na qual faz uma crítica à noção freudiana, ao privilegiar a sexualidade na sua constituição, afirmando que a vida humana é rica de impulsos, emoções e necessidades, os quais poderiam igualmente constituir conteúdos inconscientes.

Por outro lado, o estudo de Luís Cláudio Figueiredo (1992) mostrando como o psicológico se constituiu historicamente nos levou a questionar se o inconsciente não seria também um produto histórico que surge em nossa sociedade a partir do momento em que se dá a cisão entre o homem público e o privado, levando à repressão emocional cuja manifestação deveria se dar na privacidade. O homem público é por excelência o ser racional. E Freud, vivendo na era vitoriana, só poderia captar a liberdade tão reprimida nesse período, presente no inconsciente.

Outra linha de estudos que traz algum subsídio para esta questão são as pesquisas com tribos indígenas no Brasil. Há um estudo realizado com os Bororós (Mato Grosso) e outro em andamento dentro da nossa linha de pesquisa com os Xavantes[1]. A característica marcante das duas tribos é a predominância das emoções nas relações sociais sobre o verbal ou racional e o falado significa pouco diante do afetivo. Toda a cultura indígena com os mitos, os rituais e o cotidiano são manifestações emocionais e nada indica que estes índios apresentem conteúdos inconscientes, pois nenhuma emoção é reprimida.

Como exemplo podemos citar o ritual de preparo para a caça entre os Xavantes, que consiste em danças que irão despertar o sentimento de ira e só assim o índio deverá ir à caça — é inconcebível para ele matar friamente um animal. Também os cantos visam transmitir emoções, não havendo significações nas palavras articuladas.

Estas observações parecem confirmar a aproximação que Wallon faz entre o homem primitivo e a criança quanto à predominância emocional.

Estes fatos que parecem indicar que a relevância atribuída ao racional, em nossa cultura, submete as emoções ao seu contrário fazendo com que aquelas não verbalizadas sejam reprimidas vindo a constituir inconscientes. É Vigotski quem afirma:

> (...) desejamos assinalar que o germe positivo encerrado nesta conexão entre o inconsciente e o não-verbal (que assinalam também outros autores) só pode ver-se culminado e desenvolvido sobre a base da psicologia dialética. (1990:110)

Perspectivas

A psicologia dialética, considerando o ser humano como um todo em que o físico e o psíquico constituem uma unidade, que só se diz didaticamente, e também um ser humano que só pode ser conhecido depois de seu contexto histórico e social do qual ele é produto e produtor, leva-nos a estudá-lo como um ser em movimento. Somente captando esse processo chegaremos ao seu conhecimento científico. Portan-

---

1. O autor deste estudo é Marlito de Souza, mestrando do Programa de Estudos Pós-Graduados em Psicologia Social da PUC-SP.

to, são investigações sistemáticas que poderão precisar o papel das emoções e dos sentimentos na constituição do psiquismo humano. Algumas pesquisas realizadas mostram que estamos num bom caminho. Há alguns semestres na disciplina "Emoção e Linguagem", nossos alunos vêm entrevistando artistas a respeito de seu processo criativo e as emoções envolvidas. A análise desse material está permitindo detectar um padrão emocional em que a necessidade de expressar sentimentos, em geral difíceis de serem verbalizados, mas, quando concretizada na obra de arte, provocam prazer e alegria. Quando Vigotski aponta que a emoção estética do consumidor de arte se dá mediante um processo catártico decorrente da contradição entre forma e conteúdo, pareceu-nos ser esta também a contradição inconsciente do artista, que o leva a produzir a sua obra — daí a dificuldade de verbalizar os sentimentos que levam à criação.

Já mencionamos os meios de comunicação de massa como veículos ideológicos-afetivos, e em um estudo recente Odair Furtado (1992) entrevistou casais de operários sobre seu consumo doméstico. Comparando o discurso de um casal de militantes de esquerda com outro sem qualquer envolvimento político, constatou-se a força das propagandas televisivas na compra de bens de consumo mesmo para o casal que pautava o seu cotidiano por uma consciência social desenvolvida. Surgiram contradições nas explicações, mas ficava claro que as mensagens afetivas eram atuantes na escolha dos produtos consumidos.

Outro estudo com participantes de uma campanha política visando à eleição de um vereador também evidenciou processos afetivos envolvidos que se manifestavam mediante analogias com a religião, com a família ou simplesmente por expressões como "senti uma coisa" — que levou o autor, Paulo Roberto de Carvalho (1991), a associar "coisa" com o *id* freudiano.

As pesquisas de Mónica Galano (1990), relatadas no simpósio por mim coordenado, são belos exemplos de emoções conscientes e inconscientes que permeiam as relações intragrupais mesmo em equipes de trabalho onde, aparentemente, impera a racionalidade.

Uma outra vertente de estudos tem sido a História, onde se investiga em que circunstâncias sociais surgem as emoções mais complexas, como a vergonha e a culpa, estreitamente vinculadas ao cristianismo. Há um trabalho realizado por uma historiadora que, investigando a lenda de Tristão e Isolda nas suas primeiras formas escritas, sugere que o amor entre um homem e uma mulher é fruto do século XII.

Também a história das religiões parece ser um veio rico de análise desde os povos primitivos até os nossos dias. A religião teria suas raízes em emoções e sentimentos, tais como o medo e a insegurança, provocando o pensamento à procura de explicações que unam o visível e o invisível, gerando mitos, rituais e cultos.

Numa primeira análise, podemos constatar que as religiões surgem para explicar o mistério, seja ele o trovão, os raios, o sol, a lua, a própria vida humana. Mistérios que geram medo e curiosidade, que nos levam à procura de explicações através dos elementos presentes numa dada cultura.

Na medida em que a ciência, o conhecimento racional e abstrato avançam, notamos que a religião restringe o seu poder explicativo, e também o ser humano deixa de pautar-se por suas emoções ao ponto de, nos dias de hoje, sentir emoção — vergonha — por se emocionar...

Também na criança recém-nascida podemos observar impulsos de prazer — desprazer, de medo, de insegurança; e fica a questão de como, a partir deles, a sociedade consegue criar emoções complexas como a vergonha, a culpa e a solidariedade. São estas indagações que nos levam à procura do "elo perdido" entre a racionalidade e a irracionalidade, visando reintegrar as emoções e os sentimentos no ser humano como um todo.

Emoção, linguagem e pensamento são mediações que levam à ação, portanto somos as atividades que desenvolvemos, somos a consciência que reflete o mundo e somos afetividade que ama e odeia este mundo, e com esta bagagem nos identificamos e somos identificados por aqueles que nos cercam.

Devemos ainda considerar o fato das instituições serem as reprodutoras de ideologia que têm a sua eficácia garantida pelo seu conteúdo de valores, cuja captação no plano individual se dá pela esfera afetiva, e se não forem refletidas ou decodificadas pela linguagem, irão constituir fragmentos que poderão inibir o desenvolvimento da consciência, dar falsos significados à atividade e mesmo constituir aspectos nucleares da afetividade, levando à cristalização da identidade.

Deslindados todos esses processos, acreditamos que a psicologia dialética trará contribuições tanto para a ética como para a estética, levando a uma prática que aprimore moralmente o ser humano no conjunto de suas relações sociais e, também, leve-o a desenvolver o seu potencial criativo, embelezando o seu cotidiano.

Em síntese, para finalizar, temos no âmbito da sociedade as instituições criadas historicamente, as quais, dentro da lógica do capitalismo, desenvolvem uma ideologia dominante constituída de representações de valores que são transmitidas simbolicamente, ou seja, por meio da linguagem com os seus significados afetivos e valorativos.

Sabemos que, neste contexto (sociedade capitalista), a ideologia dominante tem por função obscurecer as contradições sociais, justificando a opressão e a exploração de seres humanos como naturais e necessárias, visando à manutenção das relações de poder.

Por outro lado, no âmbito dos indivíduos, a Consciência, a Atividade e a Afetividade constituídas pela mediação, não só da linguagem e do pensamento, mas também por emoções e afetos contraditórios entre o que se sente e o que se "deveria" sentir, levam tanto à fragmentação da consciência como da Atividade, isto é, à *alienação social;* e quanto à Afetividade, esta fragmentação constitui o que chamamos de *alienação mental.*

A mediação emocional...   *63*

Esperamos poder *demonstrar* por meio de pesquisas futuras e em andamento que a alienação social e a mental são como as duas faces de uma mesma moeda.

Bibliografia

CARVALHO, P. R. (1991). *A candidatura de Catarina Koltai: uma abordagem psicossocial de um evento histórico e político-partidário.* São Paulo, PUC-SP. Dissertação de mestrado.

CIAMPA, A. C. (1987). *A estória de Severino e a história de Severina.* São Paulo, Brasiliense.

FIGUEIREDO, L. C. (1992). *A invenção do psicológico — quatro séculos de subjetivação — 1500-1900.* São Paulo, Escuta/ Educ.

FRIEDMAN, S. (1985). *A gênese da gagueira.* São Paulo, Summus.

_____ (1992). *A construção do personagem bom falante.* São Paulo, PUC-SP. Tese de doutorado.

FURTADO, O. (1992). *Da consciência crítica e da consciência fragmentada.* São Paulo, PUC-SP. Dissertação de mestrado.

GALANO, M. (1990). *Todos são iguais mas uns são mais iguais que outros.* São Paulo, PUC-SP. Dissertação de mestrado.

HELLER, A. (1980). *Teoria de los sentimientos.* Barcelona, Fontanale.

LEONTIEV, A. (1978). *Actividad, conciência y personalidad.* Buenos Aires, Ed. Ciências del Hombre.

OSGOOD, C, MAY, W. H. e MIRSON, M. S. (1975). *The cross-cultural universais of affective meaning.* Urbana, Univ. of Illinois Press.

SAWAIA, B. (1987). *A consciência em construção no trabalho da construção de existência.* São Paulo, PUC-SP. Tese de doutorado.

TAKAHASHI, E. (1991). *A emoção na prática da enfermagem.* São Paulo, USP, Tese de doutorado.

VIGOTSKI, L. S. (1990). *Obras escogidas I.* Madrid, Visor Dist.

_____ (1971). *Thepsychology of art.* Cambridge, The MIT Press.

WALLON, H. (1979). *Do acto ao pensamento.* Lisboa, Moraes Eds.

PARTE II

AVANÇOS DA PSICOLOGIA SOCIAL NA AMÉRICA LATINA

AVANÇOS DA PSICOLOGIA SOCIAL NA AMÉRICA LATINA

SILVIA T. MAURER LANE

Introdução

Para falarmos de avanços da Psicologia Social na América Latina é necessário retrocedermos à época da célebre "crise da Psicologia Social" — crise esta teórica e metodológica.

No Congresso da SIP em 1973, realizado em São Paulo, a Dra. Aniela Ginsberg, uma das suas organizadoras, apresentava resultados de pesquisas interculturais os quais apontavam para a relatividade dos comportamentos humanos e, mesmo, de características de personalidade em função de diferenças históricas, culturais e sociais, tudo indicando que não cabia à Psicologia, como ciência, ter leis universais. Por outro lado, porém, os trabalhos de Skinner comprovavam que reforço positivo, em qualquer cultura, aumenta a freqüência de um comportamento. Assim como os três fatores encontrados por Os good, na elaboração do Diferencial Semântico, para a obtenção de significados afetivos de palavras, apresentavam-se como dimensões universais, ou seja, em todas as culturas estudadas (em torno de trinta) emergiam um fator de Valor, um segundo relativo à Potência e um terceiro, à Atividade.

A que se deve o caráter universal de alguns aspectos psicológicos e de outros, essencialmente, particulares? Qual a relação entre o biológico da espécie e o histórico cultural das sociedades?

Esta era a crise teórica com suas conseqüências metodológicas sentida por todos os estudiosos da Psicologia Social.

Porém, na América Latina esta crise assumiu também um caráter político. As ditaduras militares, com seu poder repressivo, as injustiças sociais, a opressão sob a qual a maioria dos povos vivia nas décadas de 60 e 70, faziam-nos questionar não só o nosso papel de pesquisadores como a própria Psicologia Social. Ela, que se apresentava na década de 50 como o ramo da Psicologia que contribuiria para resolver os grandes problemas da humanidade, parecia a nós, neste período, que apenas subsidiava a opressão, a manipulação política, a manutenção do *status quo*.

Diante deste quadro, o nosso cotidiano não nos permitia ficar em "torres de marfim" pesquisando neutramente...

A Revisão Crítica

No Brasil, a repressão militar e o movimento universitário de 68 obrigaram-nos a uma reflexão crítica sobre a universidade e seu papel social, sobre o conhecimento que cabia a ela produzir. Teses como o ensino teórico-prático, uma nova relação aluno-professor (extinguindo a dominação institucionalizada), uma universidade voltada para os problemas sociais e não para a teoria dissociada da realidade, nos fizeram repensar a psicologia social que ensinávamos e enfrentar "cara a cara" a crise que se anunciava. A euforia dos anos 50 havia acabado, e se questionava como a Psicologia Social poderia dar subsídios para uma transformação social.

A euforia acabara, mas a esperança de um conhecimento científico que pudesse ajudar a criar uma nova sociedade, não!

No curso de graduação da PUC-SP, tentávamos concretizar a tese da teoria e prática no ensino, levando os alunos a observações, entrevistas, enfim, a coletar dados do cotidiano e confrontá-los com os textos clássicos sobre os conceitos de atitudes, motivação e percepção sociais, dissonância cognitiva, socialização, dinâmica de grupo, etc.

A proposta era de se chegar a uma revisão crítica dos conceitos, porém, tanto os alunos como os monitores e auxiliares priorizavam o teórico, tornando os dados coletados exemplos dos conceitos estudados ou então eram exceções... A realidade captada não podia questionar um conhecimento científico elaborado a partir de experimentos e pesquisas tão bem controlados.

Esta crítica só foi possível muitos anos depois, em disciplinas do curso de pós-graduação, mediante revisões de experimentos e pesquisas indexados no *Psychological Abstracts* e mais em termos da inconsistência dos resultados encontrados do que de um confronto com a nossa realidade social. Este fato gerou muita ansiedade diante de um vazio teórico, o que tornou urgente o desenvolvimento de pesquisas que levassem a uma nova sistematização.

O mesmo ocorria diante de artigos que refletiam criticamente a Psicologia Social, como os de Bruno, Poitou, Pêcheux e outros publicados na *Nouvelle Critique* sob o título "Psicologia Social: uma utopia em crise", assim como o prefácio de Moscovici numa obra organizada por ele com o título *Introduction de la psychologie sociale*. Por outro lado, Merani na Venezuela, Sève na França, Israel e Tajfel na Inglaterra contribuíram para uma reflexão mais profunda, assim como

Avanços da Psicologia Social... 69

a releitura de Politzer, George Mead e Vigotski trouxeram novas perspectivas de estudo.

A psicologia da linguagem — Para uma compreensão clara das interações sociais, a linguagem se apresentava como um ponto-chave a ser deslindado, não como algo reificado como os lingüistas e psicolingüistas o faziam, mas sim como algo dinâmico construído historicamente pela sociedade e desempenhando um papel fundamental tanto no desenvolvimento dos indivíduos como na inserção em grupos sociais.

As pesquisas de Osgood e suas escalas do Diferencial Semântico, que captavam os significados afetivos, nos pareciam um bom começo para pesquisar a linguagem; após vários estudos conseguíamos descrever significados que grupos atribuíam a diferentes aspectos sociais, porém permitindo explicações que nada mais eram do que hipóteses que demandavam outras pesquisas. Também Skinner foi fonte de inspiração para alguns estudos, principalmente pela vinculação entre linguagem e pensamento, dando a este o *status* de comportamento.

Porém, o grande impulso veio de Vigotski ao demonstrar a mediação fundamental que a linguagem exercia na constituição do psiquismo humano, em especial, na consciência. Também ficou clara a presença da ideologia nos significados, e quando os processos comunicativos permitiam uma reflexão crítica destes significados, em confronto com a realidade social, desencadeavam avanços da consciência ao se desvendar os conteúdos ideológicos que encobrem as contradições sociais históricas.

A identidade social — Tudo indicava ser este um conceito básico para a Psicologia Social, pois considerava o indivíduo como um todo e — o que era mais importante — na sua relação com os outros. É Ciampa que, Partindo de pesquisas na linha teórica desenvolvida por Scheibe, faz a crítica a um modelo funcionalista e retoma o interacionismo simbólico de George Mead, bem como os estudos de Goffman, à procura de um conceito de identidade que permitisse uma concepção de sujeito transformador e autor da história social.

Esta sua procura o leva a estudar a identidade de Severina, uma nordestina, empregada doméstica, manicure, que se torna budista; é este estudo que permitirá ao autor desvelar a identidade enquanto metamorfose.

Processo grupal — partindo das teorias e técnicas sobre a dinâmica de grupos, a revisão crítica nos permitiu constatar quanto os estudos reproduziam, como ciência, a ideologia embutida nos papéis sociais, principalmente o de líder, e também em conceitos como o de coesão social e na procura através das técnicas de uma harmonia que tornasse o grupo mais produtivo.

Outra questão que a dinâmica de grupo colocava era que por meio de técnicas o grupo atingiria um estágio ótimo e assim permaneceria, como se o tempo parasse. Foi este aspecto não constatado nas

70   Silvia T. Maurer Lane

observações sistemáticas de grupos que nos levou a denominar toda esta área do saber de Processo Grupal, negando o grupo como algo estável e reificado

Dessa forma, grupos eram observados como se processando ao longo de um certo período, a fim de permitir a análise de relações de dominação e de poder e as condições que levavam os indivíduos que os constituíam a desenvolverem suas consciências e seus potenciais críticos e transformadores, porém sempre dificultados pelas instituições que abrigam os grupos.

Nesse momento, já nos propúnhamos a estudar o processo grupal em bases materialistas-históricas e dialeticamente.

Estas revisões críticas colocaram uma questão crucial, ou seja, a necessidade de uma metodologia de pesquisa que permitisse captar o indivíduo, situado historicamente e, portanto, multi determinado.

Foram os trabalhos em comunidade, desenvolvidos por uma equipe interdisciplinar, que nos levaram a aprofundar a questão da psicologia na comunidade como uma prática comprometida e uma sistematização do saber; para tanto a pesquisa participante tornou-se fundamental, pois ela permitia acompanhar o movimento histórico de um grupo social, detectar as determinações, as intervenções e as transformações que ocorriam.

Outras estratégias metodológicas utilizadas foram a observação participante (de processos grupais) e os estudos de casos mediante relatos de história de vida.

Também os congressos da Sociedade Interamericana de Psicologia foram de extrema importância para essa revisão crítica, pois pudemos constatar que as mesmas preocupações caracterizavam os psicólogos sociais de vários países da América Latina no sentido de se construir um saber científico que contribuísse para uma ação transformadora em nossos países.

Com este intuito foi criado um núcleo de psicologia comunitária, com a participação de pesquisadores de vários países da América Latina, enfatizando uma intervenção não-assistencialista e uma atuação que desenvolvesse a consciência e a autonomia de grupos marginalizados social e economicamente. Este núcleo permitiu uma troca rica de experiências e a certeza de que vivíamos na América Latina um processo de reflexão crítica sobre a psicologia e a procura de novos caminhos tanto teóricos como metodológicos para uma prática psicológica comprometida com os grandes problemas sociais que enfrentávamos.

Daí a necessidade de um maior intercâmbio entre cientistas psicossociais; para tanto realizamos uma viagem por vários países da América Latina descobrindo práticas e pesquisas de grande interesse e que demonstravam que fazíamos parte de um momento histórico, no qual a "crise" e a crítica da Psicologia Social nos levavam todos à procura de novas bases epistemológicas e metodológicas para a pesquisa e

Avanços da Psicologia Social... 71

avanço científico comprometidos com uma prática transformadora. Por ou tro lado, mostrou-nos quanto já tínhamos avançado em nossos estudos e que, sem dúvida, estávamos no caminho certo.

Ainda como revisão crítica é de suma importância mencionar as obras de Martin-Baró, nas quais faz uma análise, quase enciclopédica, das pesquisas e teorias produzidas nos Estados Unidos e na Europa, enfocando a realidade social de El Salvador e da América Central, assumindo a não-neutralidade da ciência e o compromisso político do pesquisador.

O que fizemos em sala de aula, nas discussões assistemáticas, Martin-Baró fez paciente e cabalmente com a Psicologia Social. A sua obra é tão completa neste sentido que o curso de Processo Grupai que ministramos no Programa de Pós-Graduação tem em *Sistema, Grupo y Poder* (1989) uma leitura básica e obrigatória.

Teoria e Prática

A questão da indissociabilidade entre teoria e prática era o desafio da Psicologia Social — ela deveria avançar na sistematização teórica e, conseqüentemente, produzir efeitos práticos ou então se desenvolver numa prática que redundaria numa sistematização teórica. Foi este desafio que caracterizou a Psicologia Social da década de 80, pois mediante uma prática do psicólogo em comunidades se procurou uma sistematização teórica, e, por meio de pesquisas sobre o comportamento político, buscou-se também encontrar formas de atuação para que, em ambos os casos, houvesse transformações significativas para as populações desfavorecidas da América Latina.

Os relatos sobre experiências em Psicologia Comunitária enfatizavam com clareza a questão da prática e do compromisso político com grandes parcelas da população oprimida, e víamos, por meio da rica troca de experiências em torno de uma Psicologia Comunitária crítica, que ela nos daria bases para uma atuação transformadora; porém, para tanto seria necessária uma sistematização teórica, que ainda estava por se fazer. Cometíamos erros e acertos semelhantes sem avanços mais significativos devido à ausência de publicações teóricas a respeito das bases psicossociais de nossas atuações.

Nesta direção, as contribuições de Elisa Jimenez decorrentes do trabalho realizado na Maternidade Concepción Palácios, em Caracas, são de suma importância, pois, a partir de uma prática desenvolvida com grupos de mulheres grávidas visando ao desenvolvimento de uma consciência social, permitiram uma melhor sistematização tanto da prática como da teoria, deixando claro que a reflexão crítica oriunda nas trocas que ocorrem em grupos, levando a um exame da realidade, é condição para avanços da consciência e alteração das práticas e interações cotidianas.

Este trabalho, mais grupai do que comunitário, nos levou a questionar o que seria, de fato, uma comunidade. Seriam bairros, instituições, agrupamentos? Ou seriam meras utopias em nossos países capitalistas e, como tais, individualistas? Valeria a pena investir em uma utopia?

Os trabalhos de Euclides Sanches, Esther Wiesenfeld e Karen Cronik da Ludeña, em Caracas, nos mostram que pelo menos pequenas utopias são realizáveis — como o projeto Casalta, a partir do qual, utilizando os recursos psicossociais, desenvolvem uma prática que culmina numa efetiva organização comunitária. Tivemos oportunidade de visitar o conjunto habitacional e conversar com alguns de seus moradores. Pudemos constatar que quando pessoas se unem em grupo e resolvem ser sujeitos de sua história, e encontram a assessoria qualificada — como foi o caso —, conseguem avançar em direção a relações sociais essencialmente democráticas, nos seus direitos e deveres, que caracterizam uma comunidade.

Muitos outros trabalhos vêm sendo desenvolvidos na América Latina, os quais podem ser consultados no número especial do *Journal of Applied Psychology,* organizado por Euclides Sanchez e Esther Wiesenfeld, que trata da Psicologia Comunitária na América Latina. Ambos os autores ampliaram o volume para a publicação de um livro sobre o tema, o qual vem atender à necessidade, sentida por todos nós, de uma reflexão crítica que permita a tão indispensável sistematização teórica.

Outra vertente significativa que se concretiza na década de 80 é a da Psicologia Política. A começar de vários trabalhos já realizados e apresentados no Congresso da SIP, em 1985, em Caracas, e partindo de preocupações semelhantes à da Psicologia Social Comunitária, Maritza Montero, Ignácio Martin-Baró e outros se propõem a publicar um livro sobre este tema, visando sistematizar questões teóricas e metodológicas.

Psicologia Política, segundo Martin-Baró, seria o estudo daqueles comportamentos "cujas direções (...) visam uma ordem social e produzir nelas um impacto" (p. 41). E grande parte das pesquisas procura deslindar quais as determinações "da alienação, ou seja, da falta de controle das grandes maiorias populares sobre sua própria existência e destino". (M.Baró, 89:52)

Organizada por M. Montero, com a efetiva colaboração de Martin-Baró, a obra *Psicologia política e América Latina* apresenta pesquisas e reflexões críticas oriundas de diferentes países, porém sempre com estes mesmos objetivos: entender o porquê da alienação de nossos povos. O trabalho continuou e um segundo volume, *Acción y discurso,* também organizado por Montero, é editado em 1991, com avanços teóricos e metodológicos de grande importância.

É interessante observar que as duas vertentes, Psicologia Social Comunitária e Psicologia Política, ao se defrontarem com a ques-

Avanços da Psicologia Social... 73

tão metodológica, encontram na Pesquisa Participante o veio mais profícuo.

Nesse sentido os trabalhos de Bader Burihan Sawaia, a partir de sua pesquisa com mulheres faveladas, permitiram uma sistematização da pesquisa participante, estabelecendo os limites entre pesquisa, militância e compromisso político. Este último considerado prioritário, a distinção entre participação e militância fica condicionada à precisão de registro dos dados, à análise e discussão conjunta com os sujeitos da pesquisa. Sawaia aponta ainda que qualquer intervenção ou ação conjunta parte de questões do tipo "o que acontecerá se...?". Ou seja, volta-se às tradicionais hipóteses, porém agora somente a realidade, os fatos do cotidiano, é que nos darão as respostas.

Se examinarmos os trabalhos mais significativos, nestas duas vertentes, veremos que eles são oriundos de países onde as manifestações sociais não são tão reprimidas, onde ainda há espaço (relativo) para o cientista social pesquisar. Nos outros países da América, este permanece no silêncio necessário da resistência ou da recuperação. Martin-Baró se negou a fazê-lo em El Salvador, onde a reflexão científica e a prática perturbaram tanto os poderosos, que os levaram a lançar mão do ato mais desumano — o assassinato.

Mas ainda restam esperanças quando José Miguel Salazar propõe, em 1989, a ênfase em pesquisas sobre a Identidade Latino-Americana, sabedor de que esta é ainda incipiente, mas como forma de promover a sua existência. Do mesmo modo como indivíduos, ao se agruparem, descobrem que seus problemas cotidianos, seus afetos e anseios são semelhantes, nós, povos da América Latina, iremos descobrir nossas semelhanças e nos unificar como um continente de Terceiro Mundo, porém com um saber, no dizer de M. Montero, que nos leve a "producir nuestros próprios modelos de analisis y de explicación; la generación de teorias y métodos que permitam un conocimiento de nuestro mundo que enriquezca el mundo". *(Acción y ideologia)*

E alguns frutos nesta direção já estão apontando, como os estudos e publicações de Horacio Riquelme U., chileno radicado em Hamburgo, que vem se dedicando à questão da Identidade Latino-Americana, promovendo simpósios anuais sobre cultura e situação psicossocial na América Latina, na Universidade de Hamburgo.

A Práxis da Psicologia Social

No final da década de 70 e início da de 80, nos deparamos com a obra de Alex Leontiev, continuador das propostas de Vigotski, e com ele surge também todo um grupo de cientistas soviéticos que haviam sofrido a repressão stalinista à psicologia, dos quais, além de Vigotski, no Ocidente só se conheciam os trabalhos de Luria, pois a psiconeurologia era então a única ciência psicológica admissível.

A Psicologia Social tinha sido então banida da União Soviética. Assim, como Leontiev poderia afirmar, impunemente, que toda Psicologia Humana é Social?

Após o período stalinista, este grupo traz a público suas pesquisas e as teorias baseadas em uma epistemologia materialista histórica e dialética.

Ou seja, o psiquismo humano se constitui na materialidade histórica de cada sociedade, de cada cultura — portanto não há homens regidos por leis universais —, como as pesquisas da dra. Aniela Ginsberg já apontavam. A ciência psicológica é, por conseqüência do seu objeto de estudo, relativa: se o ser humano se constitui em função de sua história social e cultural, o saber sobre ele será também necessariamente particular, sem, no entanto, deixar de se estruturar em categorias universais como são Atividade, Consciência e Identidade (ou Personalidade).

E a análise dialética, ao afirmar a unidade dos contrários, leva à superação da dicotomia subjetividade-objetividade no conhecimento do ser humano. A subjetividade se objetiva nas ações do homem sobre o seu meio, assim como este meio e o que o constitui objetivamente se tornam subjetivos no psiquismo humano.

É também a dialética que permite superar a velha contradição entre teoria e prática, em que a primeira se caracteriza pela elaboração de noções abstratas que se confundiam com o idealismo e, distanciados da realidade, impediam uma prática transformadora. Pois a dialética pressupõe que por meio da pesquisa cheguemos a categorias que não são apenas lógicas, mas também ontológicas e gnosológicas. Ou seja, o saber e o pensamento têm suas raízes na realidade e, portanto, nossas ações decorrentes deste saber atuam diretamente sobre a realidade. É a ciência como práxis. Ou seja, a comprovação da teoria se dá mediante a transformação da realidade pela prática dela decorrente.

É partindo desses pressupostos epistemológicos, e diante das pesquisas realizadas pelo seu grupo, que Leontiev sistematiza as três categorias fundamentais do psiquismo: Atividade, Consciência e Personalidade. As três estão inter-relacionadas, umas determinando as outras, através da mediação da linguagem e do pensamento, o que implica o Outro — ou seja, o grupo social, a ideologia veiculada e produzida pelas instituições e o trabalho produtivo socialmente organizado.

Estas categorias, de alguma maneira, estão presentes em todas as teorias psicológicas: o homem se comporta, o homem pensa o seu mundo e a si mesmo, o homem é individualidade — é o único. Porém, agora, em um nível que extrapola o empírico e lhe dá um significado novo e diferente.

Dessa forma, comportamentos ou ações observados empiricamente, reexaminados como seqüência de um processo mais amplo, adquirem uma nova significação — e este processo mais amplo é a sua reinserção no conjunto de atividades desenvolvidas socialmente. O exemplo clássico dado por Leontiev é o de uma caçada em que

Avanços da Psicologia Social... 75

existem os batedores e os abatedores — examinadas isoladamente as ações pare cem contraditórias, mas no seu conjunto elas adquirem um novo sentido.

O mesmo ocorre com a consciência. O discurso que fala da representação do mundo de algum indivíduo e das ações e operações que ele realiza deve ser analisado no contexto social em que ele é produzido, detectando-se os conteúdos ideológicos e as contradições entre o discurso e a prática que nos permitirão dizer se se trata de uma consciência fragmentada ou se ele tem clareza das condições históricas e sociais em que vive. Esses conteúdos da consciência são elaborados, fundamentalmente, pela linguagem e pelo pensamento — mediação esta que levou Vigotski a afirmar que "a palavra é o microcosmos da consciência".

A categoria Personalidade é, talvez, a menos pesquisada por Leontiev e, conseqüentemente, a mais ambígua. A individualidade se constitui nas relações com os outros, levando à permanência de certas características que identificam a pessoa, ao longo de sua história. Esta é uma categoria em que nossas pesquisas sugeriram algumas reformulações, como explicitaremos adiante.

A Questão Metodológica

Temos considerado as categorias propostas por Leontiev como estruturas vazias que nos orientam para as pesquisas que deverão recheá-las a partir da especificidade de nossa realidade histórica e social, permitindo encontrar as características próprias do psiquismo de indivíduos inseridos em nosso meio. Portanto, para que elas adquiram um significado concreto, é necessário que se pesquise sistematicamente, acumulando dados descritivos com toda a precisão do registro empírico, que analisados permitam encontrar significados que os aproximem do concreto.

A psicologia positivista nos ensinou procedimentos e técnicas precisas de como registrar o empírico, porém os procedimentos de análise, que não fossem meras interpretações, se tornaram o desafio metodológico. A análise deveria permitir o retorno ao empírico de forma consciente e inequívoca. É este o desafio que enfrentamos no momento.

Nas pesquisas que partem para investigar a consciência, os "velhos" estudos de caso têm se mostrado muito ricos: relatos de história de vida, o discurso livre que se constitui em representações que o indivíduo faz de si e do mundo que o cerca constituem dado empírico a partir do qual procedimentos de análise do discurso podem permitir detectar o ideológico, as contradições e o próprio pensamento que engendrou o discurso.

Nessa direção, desenvolvemos uma técnica que denominamos "análise gráfica do discurso", a qual nos permite detectar os "núcleos" de pensamento que geraram o discurso sem esfacelá-lo, temas ou catego-

76   *Silvia T. Maurer Lane*

rias, mantendo a originalidade empírica, e assim a consistência desejada à análise que desvenda novas significações.

É uma técnica inspirada pela concepção de Vigotski sobre a relação entre linguagem e pensamento, a qual ele considerava estreita e imbricada, porém com movimentos em direções opostas: o pensamento caminha do geral para o particular, enquanto a linguagem parte das particularidades para chegar à descrição do todo.

Além do discurso, o estudo de caso exige dados que a psicologia tradicional chama de variáveis independentes e que, para nós, localizam o indivíduo no contexto histórico e social que o produziu: idade, sexo, educação, profissão, etc, e as expectativas sociais sobre elas. Dessa forma podemos inserir o empírico na história individual que, por sua vez, se insere na história social — nesse momento a contribuição da sociologia, da antropologia, enfim, das ciências humanas, é essencial.

Uma outra vertente metodológica que tem se mostrado bastante rica é a que estuda os indivíduos no seu cotidiano e capta o processo no momento em que está ocorrendo. Aqui, o registro empírico é mais complicado, porém as técnicas de observação, principalmente as assistemáticas, as de observação participante, a etnográfica, dão subsídios para tornar tal registro consistente.

Não entraremos aqui no detalhamento dos problemas envolvidos em Pesquisa Participante, muito bem analisados e discutidos por Bader Burihan Sawaia em sua tese de doutoramento (1987) e em outros trabalhos publicados recentemente. O importante é ressaltar que a pesquisa participante nos permite acompanhar durante um certo tempo o processo de vida social de um grupo e, dentro dele, entendermos as atividades e consciências individuais que se desenvolvem num contexto histórico mais amplo.

É a individualidade manifestando-se no conjunto de suas relações sociais e no cotidiano de suas ações.

Atualmente vimos analisando, por intermédio de diferentes grupos observados, a questão do poder nas relações intragrupais, pois chamou nossa atenção o fato de grupos ditos democráticos negarem o poder como algo pejorativo e não se darem conta de sua presença efetiva no seu processar. O porquê dessa negação do poder que escamoteia, talvez poderes legítimos, é uma das questões colocadas; outras se referem ao uso que se faz do poder como possível aspecto nevrálgico para a compreensão do tema. Nesta linha de estudos a obra de Ignácio Martin-Baró, de El Salvador, *Sistemas, grupos y poder,* como já mencionamos, tem sido a base de análise crítica que nos orienta.

Por meio desses recursos metodológicos pudemos precisar conteúdos psíquicos próprios de nossos sujeitos, relativos às categorias fundamentais do psiquismo humano, assim como aclarar as mediações entre elas.

Uma das preciosas contribuições da pesquisa participante realizada por Bader B. Sawaia foi a de detectar a importância das emoções, ao lado da linguagem e pensamento, no nível do indivíduo, como mediação essencial entre as categorias estudadas.

Outra mediação significativa, agora em nível social, surgiu da análise de processos grupais, mostrando a importância do grupo para a troca e reflexão de experiências, vivências, permitindo aclarar os conteúdos ideológicos veiculados institucionalmente e, assim, propiciar movimentos de consciência dos indivíduos envolvidos no processo.

Também os Estudos de Caso permitiram rever a categoria Personalidade e precisá-la melhor em termos de identidade, superando assim o caráter idealista de uma "essência" da individualidade.

A dialética se faz presente na unidade dos contrários encontrados nas pesquisas sobre as categorias.

Avanços

Se a lógica dialética fala da unidade dos contrários, as pesquisas que objetivam encontrar conteúdos para as estruturas categoriais devem, em nível ontológico, levar-nos a contradições, ou seja, a consciência deve implicar o inconsciente; a atividade, a passividade; e a identidade, sua negação.

De fato, algumas pesquisas apontam claramente para a unidade destes contrários.

Estudos sobre a consciência de sujeitos gagos e outro sobre idosos apresentaram, mediante a análise, a identidade social como uma categoria fundamental para a compreensão do movimento da consciência. Ao mesmo tempo, Antonio da Costa Ciampa realizava um estudo de caso: a história de Severina, em que o caráter dinâmico da Identidade se apresentava claramente, permitindo-nos questionar se Identidade, formada no conjunto das relações sociais e num processo dinâmico, não se tratava da categoria denominada por Leontiev de Personalidade.

É também o estudo de Ciampa que aponta para a contradição da Identidade como metamorfose e como cristalização, como vida e morte, como criação e destruição.

Este autor ainda chama a atenção para a necessidade de uma política institucional que abra "espaços" para possíveis metamorfoses de identidade através de papéis minimamente prescritos — o que significa desideologizar os papéis que levam à cristalização da identidade.

Os estudos sobre Atividade, basicamente aqueles que analisam o trabalho humano e a saúde mental, como vem fazendo a equipe liderada por Wanderley Codo, a qual vem esclarecendo a questão da alienação — tão estudada pela sociologia — indicam que a alienação social produzida pelo trabalho traz na sua outra face a alienação mental, ou seja, o sofrimento psicológico. O trabalho criativo cria o homem, o trabalho repetitivo, rotineiro, sem sentido pessoal, o destrói psicologicamente.

Nessa direção, seria importante analisar os efeitos da ideologia dominante que trata o trabalho como um "mal necessário", como obrigação que dignifica o homem, e o lazer como "não fazer nada", como ócio, negando o aspecto fundamental da atividade na constituição do psiquismo humano.

Cabe ainda ressaltar as contribuições de Mario Golder,[1] da Universidade de Buenos Aires, Argentina, através de seus estudos sobre a categoria Atividade, demonstrando o seu caráter fundamental na constituição do psiquismo — o homem, ao agir, ao produzir algo, se produz como ser consciente e singular.

Por outro lado, a presença da emoção como uma mediação essencial para o movimento da Consciência, para o desencadear de Atividades e na produção da Identidade, vem apontando para a importância dos conteúdos inconscientes.

A pesquisa realizada por Klaus e Scherer e outros (1983) sobre aspectos sociais das emoções, da qual participamos, permitiu algumas observações e questionamentos.

Um primeiro fato é que temos maior número de palavras para nos referirmos às emoções negativas do que às positivas, sugerindo a necessidade social de comunicarmos as negativas para os outros, a fim de encontrar soluções que as resolvam. E neste aspecto os estudos de Wallon (1983) sobre as emoções na infância trouxeram contribuições, principalmente quanto ao seu caráter contraditório: ao mesmo tempo em que as emoções paralisam nossas ações, elas desencadeiam atividades mentais que levam a ações em direção ao restabelecimento de um equilíbrio homeostático.

Se tomarmos o caráter instrumental da linguagem, por um lado, e os conteúdos ideológicos veiculados pelas palavras, de outro lado, e as emoções exigindo soluções, principalmente as negativas, nos parece evidente que conteúdos inconscientes — principalmente na primeira infância, em que o verbal é incipiente mas a ação ideológica está presente nos valores emitidos pelos comportamentos dos adultos (o "não" é provavelmente a palavra mais emitida pelos pais) — geram na criança emoções negativas para as quais ela não encontra soluções, permanecendo assim contidas e se manifestando de formas indiretas e/ou simbólicas — processo este que Freud descreveu com grande precisão.

A leitura da *Teoria de los sentimientos* de Agnes Heller (1985) tem sido fonte estimulante para orientar nossos estudos sobre emoções e sentimentos.

Estamos ainda em um terreno bastante hipotético, mas tudo indica que não podemos pensar a consciência sem pensar o inconsciente; e se a linguagem e o pensamento constituem a primeira, são as emoções que formam o segundo.

---

1. Golder foi o primeiro a traduzir para o espanhol a obra de Leontiev, *Actividad, consciencia y personalidad.* Existe uma outra tradução realizada em Cuba.

Avanços da Psicologia Social... 79

Por outro lado, estudos antropológicos analisam o caráter "irracional" de certas instituições sociais que emitem mensagens através de apelos e conteúdos emocionais, muitas vezes em oposição ao que se apresenta no plano racional, cabendo agora a nós investigarmos como estas mensagens são recebidas e como elas se integram no processo da consciência-inconsciência.

Recentemente, duas pesquisas que se constituíram em dissertações de mestrado detectaram, por meio de análises de discursos, conteúdos inconscientes manifestos através de símbolos religiosos, míticos ou de metáforas, em todos se constatando a presença nítida de aspectos afetivos-emocionais.

Uma outra linha de pesquisa nesta direção vem sendo a da Psicologia da Arte, na qual predominam as emoções que captam "mensagens" dificilmente traduzíveis em linguagem racional. E, arte, como sabemos, tem poder tanto para fazer avançar a nossa consciência, como para fragmentá-la com conteúdos ideológicos. E aqui contamos, novamente, com a contribuição de Vigotski, que, em sua obra *Psicologia del arte* (1972), analisa os aspectos inconscientes, catárticos, presentes na emoção estética.

São os primeiros passos na investigação sistemática sobre mediação emocional na constituição das categorias do psiquismo humano, na dialética da consciência-inconsciência, da atividade-passividade, da identidade-massificação.

Para finalizar, uma reflexão sobre o futuro da Psicologia Social. As revisões críticas feitas por neomarxistas como Habermas e Heller têm defendido teses que afirmam que, para haver transformações sociais significativas, não é necessário haver lutas de classe — como demonstram os fatos recentes do Leste europeu — mas sim mudanças éticas em nível individual.

Se assim for, a Psicologia Social terá um papel teórico-prático importante, levando os seus profissionais a atuar junto a indivíduos e grupos, promovendo o desenvolvimento da consciência social e dos valores morais em direção a uma ética que negue o individualismo e busque valores universais de igualdade e de crescimento qualitativo do ser humano.

Bibliografia

BRUNO, P., et alii. (1963). "Psychologie sociale: une utopie en crise". In: *La Nouvelle Critique,* 62:72-8 e 63:21-8.

CIAMPA, A. C. (1987). *A estória de Severino e a história de Severina.* São Paulo, Brasiliense.

GALANO, M. (1990). *Todos são iguais mas uns são mais iguais que outros.* São Paulo, PUC-SP. Dissertação de Mestrado.

GOLDER, M. (1986). *Reportajes contemporaneas a la psicologia soviética.* Buenos Aires, Editorial Cartago.

GONZALES, R. F. (1985). *Psicologia de la personalidad.* La Habana, Ed. Pueblo y Educación.

HELLER, A. (1985). *Teoria de los sentimientos.* 3ª ed. Barcelona, Editorial Fontamara.

ISRAEL, J. e TAIFFEL, H. (1972). *The context of social psychology.* London, Academic Press.

JODELET, D. (1989). *Les représentations sociales.* Paris, PUF.

LANE, S. T. M. (1972). "O significado psicológico de palavras em diferentes grupos socioculturais". In: *Revista de Psicologia Normal e Patológica,* Ano XVIII, 3/4, 3:152.

_____ e CODO, W. (1984a). *Psicologia social — o homem em movimento.* São Paulo, Brasiliense.

_____ (1984b). "Análise gráfica do discurso". In: *Psicologia e Sociedade,* Ano IV, 7.

_____ (1984b). "Processo Grupai". In: LANE, S. T. M. e CODO, W. (orgs.). *Psicologia Social — o homem em movimento.* São Paulo, Brasiliense.

_____ e SAWAIA, B. B. (1988). *Psicologia: ciência ou política,* Pré-Print, São Paulo, Educ.

LEONTIEV, A. (1978a). *O desenvolvimento do psiquismo.* Lisboa, Livros Horizonte.

_____ (1978b). *Actividad, concienciay personalidad.* Buenos Aires, Ed. Ciências del Hombre.

MARTIN-BARÓ, I. (1983). *Acción y ideologia — psicologia social desde Centro América.* El Salvador, UCA Editores.

_____ (1989). *Sistema, grupo y poder — psicologia social desde Centro America (II).* El Salvador, UCA Editores.

MEAD, G. H. (1934). *Mind, self and society.* Chicago, Univ. of Chicago Press.

MIER Y TERAN, C. (1980). "El trabajo del psicólogo en La realidad mexicana". In: Reflexões sobre prática da Psicologia. In: *Cadernos PUC,* 11, São Paulo, Educ.

MOSCOVICI, S. (1970). *Préface de Ia psychologie sociale— une scienceen mouvement, par D. Jodelet, J. Viet, P. Besnard.* Paris, PUF.

OSGOOD, G., SUCI, J. e TANNEBAUM, P. (1957). *The measurement of meaning.* Urbana, Univ. of Illinois Press.

POLITZER, G. (1965). *Psicologia concreta.* Buenos Aires, Jorge Alvarez Editor.

RIQUELME U., H. (ed). (1990). *Buscando America Latina — identidad y participación psicosocial.* Caracas, Editorial Nueva Sociedade.

RODRIGUES, A. (1972). *Psicologia social.* Petrópolis, Vozes.

SAWAIA, B. B. (1987). *Consciência em construção no trabalho de construção da existência.* São Paulo, PUC-SP. Tese de doutorado.

SCHERER, K., SUMMERFIELD, A. B. e WALLBOT, H. G. (1983). "Cross national research on antecedents and components of emotion: a progress report". In: *Social Science Information,* 22,3 (355-85).

SÈVE, L. (1969). *Marxisme et théorie de la personnalité.* Paris, Ed. Sociales.

SKINNER, B. F. (1978). *O comportamento verbal.* São Paulo, Cultrix.

VIGOTSKI, L. S. (1972). *Psicologia del arte.* Barcelona, Barrai Editores.

_____ (1973). *Pensamiento y lenguage.* Buenos Aires, Editoria la Pleyade.

WALLON, H. (1983). "Le début de la sociabilité, l'activité próprioplastique". In: *Encyclopédie Française; La vie mentale.* Paris, Larousse.

ESTRATÉGIAS DISCURSIVAS IDEOLÓGICAS*

MARITZA MONTERO

O termo ideologia é, talvez, um dos mais onipresentes e mais largamente utilizados, seja nas ciências sociais seja na linguagem cotidiana. Em conversas, em jornais e em publicações populares, pode-se fazer referência à ideologia do personagem "X", ou pode-se questionar a ideologia de um determinado partido político; ou, ainda, perguntar-se qual será a de "Z", se é que tem alguma. Fala-se de ideologia conservadora e de ideologia liberal; pode-se dizer que uma determinada forma de se comportar é ideológica; assim como pode-se afirmar que determinados grupos ou ações ideologizaram ou que foram ideologizados.

O termo parece estar, dessa maneira, servindo a diversos objetivos: refere-se à maneira de pensar, típica de indivíduos ou de grupos em particular e, por sua vez, assinala a ação distorsiva e o efeito negativo que determinadas idéias e modos de pensamento podem ter. Tal estado de coisas não é privilégio da linguagem corrente. Pode-se encontrar indícios do mesmo grau de confusão também no âmbito da ciência, em que podem ser distinguidos, pelos menos, seis acepções para o termo (Montero, 1989), quais sejam:

1. Ideologia entendida como um conjunto de idéias ou sistema de pensamento, referindo-se algumas vezes a indivíduos ou grupos específicos, outras relacionando-se a culturas, formando, assim, o que se tem denominado de uma "visão de mundo" (*Weltanschauung*).
2. Ideologia vista como um conjunto de idéias relativas ao fazer estritamente político, em que é possível organizar programas de ação e princípios orientativos da ação social. Esta acepção, por sua vez, vem acompanhada de tendências avaliativas, que acabam orientando a conduta política das pessoas e que as levam a aceitar ou não essas idéias.

---

* Tradução feita por Maria de Fátima Quintal de Freitas.

3. A ideologia como um constructo geral, integrador de outros constructos, levando à formação de sistemas cognoscitivos nas pessoas e nos grupos. Neste sentido, a ideologia constituir-se-ia no nível mais abrangente de um sistema que inclua formas de representação, estereótipos, julgamentos, opiniões, crenças, atitudes e valores, que apresentariam influências sobre os aspectos afetivos do comportamento.
4. A ideologia considerada como um mecanismo de defesa do eu, segundo o qual sua função de censura, relativa a determinados aspectos da vida social, estaria cumprindo um papel dentro de uma determinada estrutura social.
5. A ideologia tida como falsa consciência produzindo uma racionalidade socialmente estabelecida, excluindo alguns aspectos e relações com a finalidade de obter a manutenção do *status quo.*
6. E, finalmente, a ideologia como uma forma de perturbação da comunicação, levando ao ocultamento (à privatização, ao tornar privado) de determinados fatos e relações, e à publicitação de outros. Constitui-se, assim, em uma maneira de manter o predomínio de determinados interesses através da linguagem.

Estes diversos significados para o termo ideologia, sem dúvida, não são excludentes entre si. As três últimas acepções, de fato, parecem ser variações da idéia da ideologia como um processo falseador, ocultador e distorcido. E, quanto à terceira concepção, ela pode, e assim tem acontecido, ser combinada com esta posição, transformando-se em um sistema cognoscitivo ocultador e com propriedade de obscurecer certas realidades. Apenas as duas primeiras se colocariam em outra dimensão de uma maneira definida.

A razão desta pluralidade de significados pode ser explicada em função da dupla origem do termo. Por um lado, a significação com que foi cunhado, por seu criador Antoine Destutt de Tracy (1803), e usado por outros filósofos da ilustração tais como Cabanis. Esta significação pretendia fazer da ideologia uma ciência das idéias que permitisse formular regras para obter uma melhoria individual e social, através do aumento do bem-estar individual e do ganho de benefícios sociais, através do império da racionalidade. Esta idéia estava perfeitamente concorde aos princípios enciclopedistas, entretanto caiu em desgraça quando seus defensores tornaram-se suspeitos aos olhos de Napoleão, de tal modo que este passou a utilizar o termo *ideologue,* como qualificativo negativo, constituindo-se na expressão de inutilidade e de formas de pensamento distorcidas e obscuras, que levavam a um alheamento da realidade concreta.

Por outro lado, a segunda significação, de caráter negativo (pejorativo), é aquela que em meados do século XIX é tomada por Marx e Engels (em *A ideologia alemã),* designando a forma através da qual a consciência pode ser falseada, produzindo modos de pensamento segundo os quais a realidade é distorcida de tal maneira que as causas reais de um fenômeno escapam ao seu conhecimento sendo substituídas por outras explicações, convenientes aos interesses de determinados grupos de poder, detentores dos meios de produção.

Assim, por um lado, o termo descreve uma relação de caráter neutro, que o liga a um conjunto de idéias e à sua organização interna e, por outro, adquire um sentido muito específico de ocultamento, de distorção ou de opacidade da realidade, como o assinala Kosik (1967). A primeira conotação é a que parece estar na base do uso comum da palavra. Dessa maneira, ao falar da ideologia de "X", está se fazendo referência às idéias habituais da pessoa "X" que caracterizam seu modo de agir, de se expressar e as suas opiniões. É este o sentido que parece ter sido adotado pela maior parte dos psicólogos, quando definem o conceito como um "sistema de crenças". Em outras palavras, significando as verbalizações segundo as quais manifestam relações entre aspectos da realidade, através das quais regem alguns dos seus atos e que, aparentemente, tais relações estão organizadas entre si.

Outras Ciências Sociais (como a Antropologia e a Sociologia) adotam, a partir de Marx e Engels, a segunda conotação, desenvolvendo o que se conhece como teoria da ideologia, quase sempre ignorada pelos psicólogos, mesmo os aparentemente sociais.

O problema torna-se mais agudo quando a psicologia pretende, seriamente, estudar o conceito e não simplesmente mencioná-lo como uma palavra a mais. Nesse momento, as duas conotações entram em contradição, reduzindo muitas vezes o discurso psicológico a um feixe de incoerências ou mesmo privando o termo da sua significação. Uma breve revisão das maneiras pelas quais o conceito de ideologia tem sido utilizado na Psicologia, apresenta, de imediato, pelo menos dois aspectos:

— O primeiro seria o fato de que o termo foi aparecendo, com crescente freqüência, a partir da segunda metade deste século, provavelmente por influência da sua popularidade em outras ciências sociais (que o consideravam em sua conotação pejorativa). Esta popularidade do termo transcendeu os próprios meios de comunicação, devido à relação estabelecida com as explicações dadas aos fenômenos políticos de interesse mundial.

— O segundo relacionar-se-ia à forma imprecisa que tem sido usado e à contradição que aparece entre a sua definição e os significados decorrentes. Esta contradição dar-se-ia entre a sua definição neutra e o uso político que se lhe pretende dar, assim como referir-se-ia, também, às conclusões que tenta chegar e que estariam dirigidas a uma concepção implicitamente pejorativa.

Em todo caso, mais de um século depois que o termo recebeu sua segunda significação, a Psicologia Social (cf. Parker, 1989; Montero, 1989) começou a mostrar seu descontentamento com o uso predominante que se tem dado ao mesmo, visto como um sistema de crenças. Isto porque, possivelmente, o termo ideologia, em sua concepção pejorativa, ainda não com a mesma definição de Marx e Engels — que a fazia originar-se nas relações desiguais de produção, existentes no mundo capitalista —, tem passado a ser considerado como parte importante do seu objeto de estudo.

Conceito de Ideologia

Neste sentido, usaremos o termo ideologia como uma forma de ocultação e distorção, destinada a manter a hegemonia de determinados interesses, que se manifestam através da linguagem. Entretanto, não somente através da linguagem do senso comum, como também da linguagem científica.

Desta maneira, a ideologia não deve ser vista como algo que faz com que pessoas de algumas categorias, passivamente, sofram, pessoas essas colocadas em posições de inferioridade (trabalhadores, proletários, "pessoas comuns", mulheres, indígenas ou cidadãos do Terceiro Mundo, por exemplo), de maneira que se tornam as únicas receptoras de influências. A ideologia tampouco é algo que se produz em alguma longínqua esfera macrossocial e que recai sobre os indivíduos como uma pesada e envolvente camada. Pelo contrário, os membros da sociedade têm um ativo papel na sua produção e reprodução. São objetos e sujeitos da mesma e não devem ser considerados como entes passivos, senão como dinâmicos agentes produtores, transmissores, modificadores, contestadores e refutadores da ideologia.

Billig expõe o que se pode considerar como a origem desta concepção passiva do sujeito da ideologia, o que se chama "o paradoxo da ideologia" (1991:5-6); segundo o qual a teoria marxiana da ideologia, a fim de mostrar os seus efeitos negativos sobre os grupos sociais em situação de desigualdade — mesmo reconhecendo a capacidade pensante destas pessoas e o seu direito a um futuro melhor em uma sociedade mais justa — , as considera, ao mesmo tempo, como seres obscurecidos pela ideologia, cujos cérebros "han sido llenados con reflejos ideológicos erróneos" (1991:5), com o qual "Las personas comunes son a la vez pensantes y no pensantes — agentes de pensamiento y recipientes pasivos de pensamientos". (1991:5)

Esta contradição se vê claramente no papel que Gramsci atribui aos "intelectuais orgânicos", que acabam se constituindo em uma categoria social intermediária entre a massa, categoria esta constituída por indivíduos dotados da qualidade de filósofos, no sentido de que usam uma linguagem que contém filosofia, sendo que esta também é encontrada no senso comum e, em bom sentido, na religião e no folclore (Gramsci, 1970:364); havendo, sem dúvida, a necessidade da intervenção destes tradutores que possuiriam a capacidade de discernir entre o coerente e o incoerente (Gramsci, 1970). Isso significaria que as pessoas comuns, a fim de alcançarem o bom senso, que supera as contradições do senso comum, necessitariam inevitavelmente dessa agência externa esclarecedora.

Estratégias Discursivas e Ideologia

Desta maneira, tanto o senso comum como o bom senso, o pensamento vulgar quanto o pensamento científico, a filosofia da vida cotidiana quanto a filosofia formal, utilizam modos de expressão através dos quais seu discurso é codificado, que se tornam instrumentos de apoio retórico, nos quais a ideologia que sustentam se apoiará para estabelecer seus argumentos. Billig e Sabucedo (no prelo) reconhecem a artificialidade da suposta distinção entre a ciência e o senso comum, quanto à sua impregnação retórica e ao seu conseqüente caráter argumentativo, responsável pela consideração de inferioridade adjudicada ao raciocínio proveniente dos que não têm recebido uma educação científica, e ao suposto caráter superior da necessidade de justificação e à crítica do pensamento proveniente de fontes com *status* científico. Trata-se de estratégias discursivas com as quais, sem manifestar explicitamente a linha de pensamento que se defende ou se trata de impor, são apresentadas insidiosa e sutilmente, de tal maneira que penetrem o diálogo que tinha a informação, que projete sua sombra e seu peso sobre a comunicação, sendo aceita ou ao menos recebida sem recusa pelos interlocutores.

Ao colocar a ideologia no âmbito da linguagem, onde se constrói a realidade, necessitamos desvelar o modo de construção empregado, para o qual a desconstrução do discurso pode tornar manifestas as vias utilizadas que dão coerência aos argumentos apresentados a fim de manter a hegemonia de alguns interesses sobre outros. Neste sentido, McKinlay e Potter (1987:444) assinalam que a "linguagem incorpora o 'sedimento' de práticas sociais que socavam seu uso como meio descritivo neutro". Entre essas práticas sociais encontram-se as estratégias discursivas que formam parte da função ocultadora e distorcida da ideologia.

Essas práticas sociais são usadas para apresentar os argumentos favoráveis a uma concepção da realidade, para situá-los acima de outros, tornando-os convincentes, outorgando-lhes uma importância ou mesmo ressaltando-lhes a importância que possam ter, a fim de sustentar uma posição e, no caso da ideologia, alguns privilégios, convencendo da veracidade e da naturalidade do comunicado, de tal modo que outras explicações ou razões não sejam levadas em conta, nem sequer seja considerada sua existência ou sua beligerância. Busca-se, assim, criar a ilusão do caráter não discutível do discurso, diluindo as contradições através de recursos lingüísticos que obscurecem e ocultam sua incoerência.

As estratégias discursivas são estratégias cognoscitivas, ou seja, invenções que são usadas em função de problemas particulares. Uma estratégia refere-se a situações e seqüências de procedimentos que são estritamente determinados por um fim ou por um objetivo, e suscetíveis de serem submetidas à reflexão, de serem transferidas, constituindo-se para as pessoas em meios para alcançar determinados objetivos. Em relação ao discurso, constituem-se em meios retóricos destinados a atingir a persuação almejada.

Potter e Wetherell (1992) consideram que mais do que se privilegiar o *como se diz* um discurso, é necessário centrar-se em *o que se diz*. De fato, o *como* é parte do *que,* e não pode ser separado dele. Não é uma qualidade ou condição absolutamente adjetiva e de fato o significado pode ser seriamente comprometido pela estrutura que se dê ao discurso. Desta forma, o discurso contém, ao menos, dois elementos indivisíveis: um conteúdo e uma forma, que juntos criam a trama do significado no qual foi apreendida a realidade e da qual ela surge.

Isto torna-se ainda mais claro quando recordamos que a retórica consiste na arte de argumentar e que a argumentação tem como finalidade convencer e persuadir. Entretanto, esta finalidade não é sempre explícita, nem para nossos interlocutores, nem para nós mesmos. Argumentamos, usando determinadas estratégias, sem perceber que introduzimos fissuras e contradições em nosso discurso. Não apenas procuramos convencer e convencemos, como também somos convencidos e nosso convencimento, ativo e passivo, manifesto e latente, expressa-se através de nossa comunicação.

Quais são as estratégias discursivas que comumente permitem a expressão de conteúdos ideológicos, ou seja, de formas que o discurso adota para introduzir, difundir e impor considerações que — por ocultação ou por distorção — visam a perpetuação da hegemonia de certos interesses e de certas idéias? Em meu trabalho, no campo da Psicologia Comunitária e da Psicologia Política — áreas que de fato se fundem no momento em que o desenvolvimento comunitário pressupõe sempre um desenvolvimento político fortalecedor da sociedade civil —, continuamente encontro discursos nos quais, aparentemente tratando de um determinado tema, deslizam-se idéias sobre outros temas relacionados ou sobre os pressupostos básicos nos quais o tema central se apóia ou fundamenta. Estas idéias muitas vezes não são objeto de um tratamento especial ou de argumentação detalhada e explícita. Elas aparecem no discurso rodeadas ou revestidas de uma aparência de naturalidade ou de suficiência que pode ser atribuída aos fatos inerentes à vida cotidiana, ao acontecer natural, tais como: que os objetos caem, ou que a terra gira, ou que o sol ilumina e esquenta. Em outras palavras, tais idéias aparecem com a força de fatos naturais, habituais e como se fossem um conhecimento compartilhado por todos, não sujeito a discussão.

Assim mesmo, a prática de recolher opiniões, de realizar discussões em grupos focais e não focais, de registrar e analisar esses dis-

Estratégias discursivas ideológicas   89

cursos da vida cotidiana, assim como aplicar o mesmo procedimento aos discursos que políticos profissionais apresentam, com certa regularidade, nos meios de comunicação social, permitiu-me começar a detectar certas semelhanças quanto à maneira de apresentar seus argumentos, e uma vez sensibilizada por estas descobertas iniciais deime conta de que tais estratégias estavam igualmente presentes nos discursos científicos, supostamente imbuídos de "objetividade" e aparentemente apoiados na verdade imediata dos dados e das teorias neles analisados.

Tradicionalmente, tem-se apresentado o discurso e o pensamento científicos como opostos e alijados do pensamento e discurso do senso comum, da vida cotidiana, aparentemente ocupando pólos opostos na comunicação. E, de fato, isto tem levado a pensar que tal dicotomia supõe, dessa maneira, uma brecha e, inclusive, um processo de sua tradução à linguagem cotidiana. Em outras palavras, significa que o discurso científico é modificado quando se torna discurso do senso comum.

Por trás desta preocupação assenta-se a suposição de que o conhecimento originado ou produzido no âmbito científico é superior ao conhecimento popular e que a distância entre um e outro é não somente profunda, como também não recuperável por qualquer tipo de ponte ou de nexo. Um exemplo deste raciocínio encontramos em Moscovici (1976), que busca superar essa cisão ao propor, como objeto para a psicologia social, o estudo do conhecimento do senso comum. Martin-Baró (1986), ao manifestar a necessidade de gerar uma psicologia da libertação, também apontava a importância fundamental de se incorporar o estudo do conhecimento popular.

Sem dúvida, se examinarmos a história da ciência, encontraremos numerosíssimos exemplos, em todos os campos, entre eles o do conhecimento cotidiano do senso comum, do acervo da sabedoria popular, passa-se através de processos de manipulação metodológica e analítica à construção de hipóteses e teorias científicas; enquanto que o conhecimento popular, como os mesmos trabalhos sobre representações sociais o demonstram, está cheio de informação proveniente do campo da ciência, trabalhada com diversos matizes e graus de precisão e de assimilação ao já conhecido pelas pessoas.

A partir das considerações já mencionadas, passei a estudar mais sistematicamente o fenômeno, submetendo uma série de discursos, obtidos como já disse e tomados da mesma maneira da literatura científica, a um processo de desconstrução.

As estratégias discursivas identificadas foram as seguintes:

1. *Manejo de presenças e ausências.* O uso dos implícitos no discurso e as justaposições argumentativas quanto aos temas tratados e quanto à qualificação dos mesmos. Uma estratégia freqüentemente utilizada consiste em justapor duas idéias, entre as quais há um nexo evidente,

sem mencioná-lo; ou então justapor um argumento, do qual não se faz uma qualificação explícita, a aspectos negativos ou positivos que, de fato, passam a qualificá-lo, processo este que poderíamos chamar de um processo de contágio ou de contaminação. Por exemplo, falar da corrupção administrativa e, imediatamente, mencionar um personagem político conhecido, sem entretanto relacionar esse novo aspecto ao anterior.

No exemplo apresentado a seguir, uma opinião dada por um cientista ao responder a uma pergunta sobre a possível ingerência que podem ter os fatores subjetivos no "processo de busca da verdade" (colocada assim por Sorin, 1986) ilustra o uso dos implícitos: "Existe uma tendência no investigador a se deixar levar pelos excessos de otimismo; sem dúvida, nas ciências exatas, ao investigador rigoroso, isto não o engana".

Nesta opinião, quem responde assinala um perigo e também indica quem e em que âmbito podem salvá-lo, deixando um espaço implícito para mencionar quem caiu em tal erro: os investigadores das ciências não exatas, não rigorosas. E esta menção, provavelmente, completará outra gestalt: as ciências sociais, as humanidades. Outro exemplo, do campo da política, é paradigmático: "A hora vamos a trabajar" (encarte que constou dos jornais venezuelanos, depois das eleições de 1983, cujo resultado deu a vitória a Jaime Lusinchi). Nesta frase fica implícita a idéia de que, até aquele momento, não havíamos trabalhado.

Um exemplo de justaposição é administrado pela resposta de outro cientista, na mesma investigação antes citada (Sorin, 1986), que, ao começar um texto de Heisenberg, diz: *Como se sabe, Heisenberg filosoficamente foi idealista, ainda que tenha sido um grande físico, um dos fundadores da mecânica quântica.*

Observe-se, aqui, a contigüidade entre duas qualidades, uma das quais é qualificada implicitamente de maneira negativa, através do recurso de colocar depois da qualificação a conjunção adversativa *ainda que,* seguida de um atributo positivo — "grande físico" — e de uma oração subordinada na qual se reconhece o valor de seu trabalho. Significa que Heisenberg, apesar de ser e de fazer algo tão positivo, foi idealista (negativo).

Outro recurso consiste em mencionar uma série de personagens ou de fatos e depois, ao passar a avaliá-los positiva ou negativamente, omitir alguns deles, excluindo-os dessa forma da avaliação explícita, mas não de alguma avaliação implícita. Nesta forma argumentativa, há a incorporação ativa do interlocutor, que acaba por complementar o discurso manifesto através de associações que não aparecem de maneira evidente.

Esta estratégia supõe o "fazer ou tornar presente", de maneira enviesada, temas ou personagens que ficam impregnados do argumento precedente ou subseqüente. Outra maneira usual de empregá-la é a formulação imediata de uma pergunta sobre o fato que se associa.

Estratégias discursivas ideológicas   *91*

2. *A forma de assumir ou não a responsabilidade do discurso.* Esta trata-se de outra estratégia discursiva, freqüentemente utilizada no dis curso ideológico. Ela supõe unir ou separar do argumento, ao critérioda autoridade, se a fonte ou o emissor responsável têm algum prestígio social. Supõe também, como o demonstram Potter e Wetherell (1991) em suas análises do estilo discursivo, freqüentemente utilizadas em in formes de investigação e em artigos científicos, o dar vida própria aos dados apresentados, que então passam a "falar por si só", "nos dizem", "demonstram" ou "manifestam"; diante dos quais qualquer inten cionalidade ou viés ficam separados dele e passam a formar parte ou integrar os fatos objetivos encontrados.

No campo da comunicação social tem-se estudado este estilo comu nicaivo, verificando que muitas vezes a deictização[1] ou a referencia lização de uma comunicação dependerão de a quem ela é dirigida, do conteúdo que apresenta e da maior ou menor visibilidade que deseja ter a fonte.

Assim, essa deictização coloca quem enuncia um discurso sob a res ponsabilidade do seu conteúdo, assumindo o dito ou o escrito; enquan to que a referencialização enfatiza a descrição do tema ou do objeto do discurso, colocando-se acima da responsabilidade sobre a informação dada. Pode-se considerar que, no segundo caso, quem recebe a infor mação terá um papel mais ativo na apropriação do texto, mas, ao mes mo tempo, a deictização pode introduzir um elemento de prestígio (cri tério da autoridade) ou de desprestígio (contaminação negativa), que pode obstaculizar ou contribuir, de acordo com a situação, para a sua aceitação.

3. *A construção de um tipo de argumento que contém dentro de si um elemento contrário, que o anula e que denominamos de "soma algé brica",* pois nele um aspecto de caráter positivo é contraposto a ou tro, contrário, de signo negativo, de tal modo que o significado construído resulta negativo também [(+) X (-) = (-)]. A estratégia adotada freqüentemente enuncia, em primeiro lugar, o caráter positi vo, fazendo o seguir por uma conjunção adversativa (por exemplo: mas, porém, todavia, apesar de, não obstante, ainda que, contudo) que antecede e anuncia a avaliação que marcará o sujeito assinalado, objeto da cri tica negativa. O exemplo mais freqüente é a frase do tipo "X e Y +, mas Y-...". Em muitas investigações sobre identidade nacio nal tenho encontrado este tipo de argumento, do qual transcrevo um exemplo:

> São pessoas muito atentas, colaboradoras e generosas, o que torna
> muito agradável o trato com elas, mas há muita facilitação, quer dizer,

---

1. O termo é um neologismo, proveniente da lingüística. Diz respeito ao tipo de discurso em que o conteúdo está referido a um sujeito explícito, o qual assume a responsabilidade pela informação que é apresentada. É o oposto de referencialização. (N. da A.)

92   *Maritza Montero*

muitos querem viver sem trabalhar, o que tem contribuído em parte para incrementar o nível de corrupção (resposta dada a uma pergunta sobre "características próprias dos venezuelanos", Montero, 1992).[2]

Neste tipo de estratégia, o argumento que segue a conjunção adversativa anula a argumentação que a antecede, por mais que seja positiva ou negativa.

4. *Procedimentos de seleção, adaptação e assimilação destinados a na turalizar e a familiarizar* aquilo que de fato pode ser antinatural e alhei a uma categoria de pessoas, a um grupo, a uma sociedade, construino assim uma forma de senso comum destinada a não ser questiona da, nem perturbada pela dúvida, pela crítica ou pela confrontação, se não ao contrário, aceita como parte da forma natural, e normal de ser do mundo.

Esta função, tipicamente ideológica, produz, como assinalam Billig e Sabucedo (no prelo), formas de senso comum *(sensus communis)* historicamente particulares, que transformam essa significação em um sentido (senso) absoluto e, por implicação, isso acontece também com a parte comum; para evitar aquilo que é necessário à "desconstrução histórica do que passa hoje por pensamento natural, óbvio, do senso comum" e que proporciona recursos "para pensar na vida comum e acerca da vida comum". (Idem, ibidem)

Assim, encontramos estratégias discursivas que excluem aspectos dissidentes, desviantes e contrários à linha de pensamento dominante e, neste sentido, são ocultadoras. Isto forma parte dos processos de seleção descritos por Festinger como parte da necessidade de estabelecer consistência cognoscitiva; da suposta fundamental necessidade de equilíbrio preconizada pelas teorias psicológicas surgidas em fins da década de 50 e início dos anos 60 (Heider, Festinger, Osgood, Moscovici), segundo as quais as pessoas não podem suportar a incongruência, as contradições, gerando ações cognoscitivas tendentes a restaurar o caráter, supostamente, ininterrupto e harmonioso de seu pensamento; ou ainda, o fato de que diante do estranho desencadeia-se um processo de familiarização, igualmente orientado à congruência, ao equilíbrio, que acaba por incorporar o novo e diferente ao conhecido, tornando-o de tal modo aceitável, visto que passa a ser apropriado e inserido (ancorado), harmoniosamente, pelo/no fundo cognoscitivo já estabelecido, estruturado no senso comum.

5. *Trivialização ou banalização de idéias, fatos ou fenômenos que podem ser extraordinários, negativos, positivos e ainda contrários aos in teresses das pessoas que emitem o discurso ou a quem este se dirige.* Estas estratégias vêm a ser um complemento das anteriores. Ao familiarizar e naturalizar, faz-se desaparecer o caráter atípico, dissidente ou

---

2. Dado proveniente de uma pesquisa desenvolvida sobre Identidade Nacional em venezuelanos, filhos de imigrantes, realizada pela autora em 1992.

Estratégias discursivas ideológicas 93

antinatural de uma parte da realidade. Nestes casos, a informação ou referência de fatos aos quais se dá importância estão imediatamente acompanhadas por frases explicativas ou complementares que colocam os fatos como parte da cotidianidade, da paisagem, do contexto esperado e inevitável, e tendem a separar-lhes de suas conseqüências. O uso de lugares-comuns de ampla aceitação é também usado neste sentido; assim como a constatação de um conteúdo de fatos supostamente semelhantes e cotidianos, cujas conseqüências são totalmente inócuas, ou que são apresentados como muito mais graves e importantes que aqueles trivializados.

Um exemplo é o tipo de argumentação que tem sido utilizado pelos governos democráticos que têm sucedido às ditaduras, que marcaram o Chile e a Argentina, durante a década de 70 e parte dos anos 80. Neles encontramos que o perdão e a exculpação dos responsáveis pelos atrozes crimes e a conseqüente negação de justiça para as suas vítimas vêm acompanhadas no primeiro caso da idéia positiva, "socialmente desejável" e facilmente aceitável da unidade social (solidariedade), e a construção e visão em direção ao futuro:

> Pelo bem do Chile, devemos olhar para o futuro que nos une mais, do que para o passado que nos separa. É muito o que temos que fazer para construir uma sociedade verdadeiramente democrática, impulsionar o desenvolvimento e alcançar a justiça social, para que desgastemos nossos esforços em mexer feridas que são irremediáveis (discurso do presidente Patrício Aylwin, 4 de março de 1991).

No segundo caso, a conexão se faz com a idéia de "obediência devida", que pode encontrar repercussões familiares dentro do senso comum: "obrigaram-nos a fazê-lo", "não davam as ordens", "se não o fizessem teriam sido castigados", por exemplo. 6. *A mitificação,* consistente em fazer atribuições exageradamente positivas relacionadas a determinados fenômenos ou personagens, de maneira acrítica; de tal modo que os aspectos negativos que possam surgir ou são ignorados ou ainda são negados ou explicados por meio de um deslocamento da responsabilidade e da culpa, que exonera o sujeito mítico. Por meio desta estratégia se estabelecem relações alegóricas com fatos ou pessoas socialmente valorados de maneira positiva e que ocupam uma posição de prestígio historicamente estabelecida.

No processo de mitificação constróem-se mitologemas[3] através dos quais elabora-se a descrição do mito. Estes mitologemas são relatos ou conjuntos de representações míticas manifestadas não tanto por conceitos quanto por imagens ou símbolos, que permitem estabelecer as conexões com fatos históricos, com façanhas importantes, inserindo o sujeito mítico em uma linha de continuidade com elas e permitindo que

---

3. Mitos compreendidos como estratégias, estratagemas (N. do T.).

94   *Maritza Montero*

seu prestígio o recubra. Por exemplo, em grupos focais que discutiam sobre as tentativas de golpe militar, ocorridas na Venezuela em 1992, encontramos discursos que podem ilustrar esta estratégia. Assim, ao se referir a Chavez, o líder visível do golpe de 4 de fevereiro de 1992, registramos frases como as seguintes:

> É a reencarnação de Maisanta (caudilho que lutou contra a ditadura de Gómez e tataravô de Chavez).
> (...) Maisanta está para Zamora (figura fundamental na guerra federal ocorrida entre 1855 e 1862, que lutava contra os conservadores) como Sucre está para Bolívar.
> Seu pai e tataravô (de Chavez) lutaram em todas as partes.
> É um homem de carisma, um homem das planícies, na planície há um antecessor que é José Antonio Páez (herói da independência).

Nestas frases pode-se ver a relação com os heróis mais conhecidos da guerra de Independência: Bolívar, o Libertador por excelência, Sucre, Páez; com heróis da guerra Federal: Zamora, e com caudilhos inimigos do ditador Gómez. Chavez é conectado — através de seus vínculos de sangue com Maisanta e de pertinência a uma região (o LLANO — a planície) — a esses próceres, com os quais passa a ser, miticamente, também consangüíneo, uma vez que é também patrício, revestindo-se de todas as suas qualidades positivas, ligadas à emancipação, à destruição de um regime de opressão, à busca da liberdade.

7. As ritualizações ou expressões estereotipadas, utilizadas no discurso, que deixam de expressar e de comunicar um conteúdo novo, assumindo a função de ratificar ou de sublinhar aspectos positivos ou negativos de um fato que se pretende qualificar ou desqualificar. Estas fórmulas adquirem assim o valor de signos de reforçamento do discurso, no sentido de acentuar o argumento, uma vez que fornecem ao argumento uma aparência de naturalidade, revestindo-o de uma forma que soa familiar e conhecida. Um exemplo pode ser visto no uso de advérbios de modo e de quantidade, que passam a fortalecer a carga ideológica das ações atribuídas a algo ou a alguém, ou mesmo descritas na comunicação (totalmente, fundamentalmente, demasiado, bastante, por exemplo).

8. A "lógica da contradição", que supõe a aceitação ou a inclusão de elementos dissonantes no discurso que, entretanto, respondem a uma explicação proveniente de idéias hegemônicas, apesar de esses elementos incongruentes estarem em oposição à coerência pessoal, e que são aqui denominados de "efeito Moebius". Em outras palavras, trata-se, no discurso, da passagem de um argumento ao seu contrário, sem que exista uma continuidade entre eles e sem que o sujeito perceba, aparentemente, a inconsistência da sua argumentação.

Moebius descobriu que existem superfícies que apenas têm um lado, porque seu limite consiste em uma única curva fechada, de tal

Estratégias discursivas ideológicas

modo que na chamada cinta de Moebius — consistente em uma superfície retangular de dois lados, formada ao pegar os dois extremos dela, depois de dar uma meia-volta a um deles — um inseto que comece a caminhar sobre sua superfície, mantendo-se sempre pelo meio, regressará ao ponto de partida original de cabeça para baixo (pelo lado debaixo).

Semelhantemente ao que se passa nessas cintas, a ideologia pode utilizar uma estratégia discursiva na qual o sujeito parte de uma idéia em que, por exemplo, afirma seu caráter essencialmente democrático, ilustrando-o e argumentando essa convicção e, depois, acabando por passar, de modo imperceptível, sem pausa nem advertência ou justificação, a argüir e exemplificar o contrário. Por exemplo, a necessidade de uma ditadura, ou seus benefícios. Passa-se, assim, do argumento democracia (+) vs. ditadura (-), ao argumento ditadura > democracia, ou ainda de que para que haja democracia é necessária a ditadura, ou como quer uma expressão popular: democradura, a fim de poder conceitualizar tal tipo de pensamento. Pode-se ilustrar com a opinião colocada a seguir:

> A democracia é o melhor sistema, é o único que serve, porque alguém pode dizer o que quer, as pessoas têm liberdade, por isso existe a democracia. Entretanto, não se pode permitir a um jornal falar do que queira, isso anarquiza o povo (...) (opinião obtida em discussões de grupos focais. Montero, 1992).

Nesta argumentação pode-se ver de que modo o sujeito que a emitiu passa sem solução de continuidade de uma idéia à sua oposta: a democracia é liberdade de expressão para as pessoas, quer dizer, para todos, mas não para a imprensa. A democracia é liberdade, mas assim o povo, de alguma maneira, tem que ser guiado. Por exemplo, em suas leituras cotidianas e quanto à informação que recebe, pois assim não será vítima de sua má influência.

Descrevi, brevemente, oito estratégias através das quais a ideologia pode encontrar lugar no discurso. Através delas, idéias dominantes podem continuar sendo exercidas, e podem manter seu caráter hegemônico. A comunicação cotidiana, ainda que seja a conversação entre pares, o noticiário diário ou mesmo o conteúdo do diálogo em uma telenovela; como também a linguagem científica e ainda a linguagem técnica aparentemente fechada, constituem-se em campos nos quais estas estratégias são desenvolvidas para manter o caráter supostamente natural, habitual, de senso comum, parte integrante da vida, com que tais forças podem se revestir.

Desta maneira, somos sujeitos ativos e passivos, construtores e receptores de ideologia. Influentes e influenciados, no contínuo jogo dialético das forças exercidas na vida social.

Bibliografia

BILLIG, M. (1987). *Arguing and thinking. A rhetorical approach to social psychology.* Cambridge, Cambrídge Univ. Press.

_____ (1991). *Ideology and opinion. Studies in rhetoricalpsycho logy.* London, Sage.

_____ e Sabucedo, J. M. (no prelo). "Rhetorical and ideological dimensions of commonsense". In: Siegried, J. (ed.). *The status of common sense in psychology.*

DESTUTT DE TRACY, A. (1970). *Elémens d'idéologie.* Paris, Librairie Philosophique J. Vrin.

GRAMSCI, A. (1970). *Antologia — seleccion, traduccion y notas de M. Sacristan.* México, Siglo XXI.

KOSIK, K. (1967). *Dialética do concreto.* México. Grijalbo, 1ª edición: 1963.

McKINLAY, A. e POTTER, J. (1987). "Modes of discourse: interpretative repertoires in Scientist's Conference Talk". In: *Social Studiesin Science.* 17, (443-63).

MONTERO, M. (1989). "El estúdio psicológico de la ideologia. Revelar u ocultar". In: *Boletin de AVEPSO.* XII(l-2):28-45.

_____ (no prelo). "Una mirada dentro de la 'caja negra'. El estudio psicológico de la ideologia". In: _____ (coord.). *Construcción y critica de Ia psicologia social.* Barcelona, Anthropos.

MOSCOVICI, S. (1976). *La psychanalyse, son image et son public.* Paris, PUF.

PARKER, J. (1989). *The crisis in modern social psychology — and how to end it.* London, Routledge.

POTTER, J. e WETHERELL, M. (1988). *Discourse and social psychology.* London, Sage.

SORIN, M. (1986). *Algunas relaciones entre Io valorativo y Io cientí-fico en un grupo de investigadores.* Boletin de la AVEPSO. IX, 2.3-14. WETHERELL, M. e POTTER, J. (1992). *Mapping the language of racism.* London, Harnester.

O PAPEL DA EMOÇÃO
NA REPRESENTAÇÃO DO *SELF* E DO OUTRO
EM MEMBROS DE UMA FAMÍLIA INCESTUOSA*

MARIA A. BANCHS

Introdução

A teoria das representações sociais tem sido alvo de múltiplas críticas: para alguns é uma teoria individualista que nega o social (Parker, 1989, 1990); para outros pelo contrário a teoria peca em sociologismo porque nega a subjetividade individual (Gonzalez Rey, 1991). Não é objetivo deste trabalho desenvolver ou dar resposta a estas críticas, porém queremos ressaltar que concordamos com Gonzalez Rey quando assinala que essa teoria *não desenvolve* a reflexão sobre o papel que jogam, na construção do *self* e da realidade (construções que se desenvolvem simultaneamente), os aspectos fundamentais da subjetividade tais como: necessidades, motivações, emoções, afetos, pulsões inconscientes, ou conteúdos reprimidos, embora ele não negue a subjetividade individual, como explica Jodelet: "(...) as Representações Sociais estão ligadas a sistemas de pensamentos mais amplos, ideológicos ou culturais (...), à condição social *e à esfera da experiência privada e afetiva dos indivíduos* (...) através de suas diversas significações, as representações expressam aqueles (indivíduos ou grupos) que as criaram" (1989:35), (grifo meu).

O problema está no fato de que a Teoria das Representações Sociais não explica o papel que a experiência privada e afetiva, quer dizer, a subjetividade individual, pode jogar na elaboração das representações. Esta carência parece ser uma debilidade compartilhada tanto pelas Representações Sociais, como por quase todos os constructos cognoscitivos da escola americana de psicologia social (percepção, impressão,

---

* Trabalho apresentado no XXIV Congresso Interamericano de Psicologia, Santiago, Chile, 1993. Traduzido para o português por Mónica H. Galano.

estereótipos, atribuições), incluindo até mesmo autores marxistas e críticos que trabalham com uma definição de *ideologia* entendida como ocultamento ou distorção com o objetivo de impor um ponto de vista comprometido com o que se supõe ser a realidade. O panorama que encontramos em autores construcionistas nos leva quase à vivência emocional. Gergen e Gergen (1988) afirmam que "as emoções não são uma experiência privada, senão uma forma de atuação social, as quais para se tornar inteligíveis devem integrar-se numa narrativa coerente" (Valencia, Páez e Echebarria, 1989:193). Procurando reivindicar o caráter social, histórico, dinâmico e construtivo da realidade, os construcionistas tendem a negar a experiência privada, subjetiva, pessoal, emocional, convertendo-a em construções narrativas.

Na nossa opinião, Rimé tem razão quando observa que "a tendência, na sua maioria, nesta disciplina, tem sido manter a emoção como um fenômeno cognitivo" e, acrescentamos agora, como um fenômeno narrativo. Também parece estar certo quando a acusa de "ter atuado como se as emoções constituíssem uma dimensão relativamente ausente do universo das relações sociais" (1989:459). Consideramos importante retomar as perguntas que este autor nos propõe: "Por que a vida social tende a alimentar as emoções dos indivíduos? (...). Por que as conversações dos indivíduos encontram seu fundamento nos aspectos emocionais da vida dos interlocutores?" (Rimé, 1989:461).

Para realizar uma prática de reflexão sobre esta temática, optamos pela análise do que três jovens, vítimas do abuso sexual incestuoso por parte do pai, dizem delas mesmas, de seu pai e de sua mãe, relacionando com o que elas têm experimentado no seio da sua família.

Os dados que vamos analisar neste trabalho representam um dos aspectos de uma ampla pesquisa na qual temos tentado fazer uma *reconstrução teórica da dinâmica de uma família incestuosa* (Banchs, 1992). Trata-se de um estudo qualitativo levado a cabo por meio de entrevistas em profundidade, histórias de vida e observações no lar. Temos analisado, também, o ofício completo do processo contra o pai, nos tribunais de justiça em primeira e segunda instâncias. Nesta oportunidade, discutiremos os resultados obtidos por meio de um instrumento simples, única fonte dos dados escritos pelas entrevistadas, quando lhes pedimos que definissem a si mesmas, às suas irmãs vítimas de abuso sexual incestuoso, ao pai e à mãe, completando seis vezes a frase EU SOU... e seis vezes a frase EU NÃO SOU... em relação a si mesmas; e às frases ELA/ELE É... e ELA/ELE NÃO É... para cada uma das outras pessoas avaliadas. Relacionaremos os dados desta fonte com outros procedentes de 879 páginas que recolhem os discursos de cinco das sete irmãs das três jovens em questão em 24 entrevistas. Iniciaremos esta apresentação identificando em grandes traços as características da família, depois colocaremos as características de auto e hetero-imagem que as entrevistadas nos ofereceram e finalizaremos com uma reflexão teórica sobre o papel que jogam as emoções nestas representações.

Apresentação da Família Estudada

Os Pérez constituem uma família nuclear composta pelo pai, mãe e sete filhas. No momento em que o incesto se tornou público, o pai trabalhava como motorista e a mãe era dona-de-casa. Viviam numa comunidade de classe social baixa, localizada na periferia da cidade de Caracas. Apesar dos escassos recursos, os Pérez — casados há 21 anos — tinham melhorado, pouco a pouco, seu nível de vida: eram proprietários da casa onde viviam e, apesar de num primeiro momento não terem água encanada e o chão ser de terra batida, progressivamente lograram convertê-la em uma construção sólida com todos os serviços públicos, chão de cimento e fácil acesso ao transporte coletivo. As sete filhas tinham uma escolaridade de acordo com a idade. A família tinha uma ótima reputação na comunidade onde eram considerados como tendo um lar exemplar: o Sr. Pérez era motivo de "inveja entre as vizinhas" por ser um esposo fiel e caseiro, com um trabalho estável e avesso a festas e ao álcool; a Sra. Pérez era tida como uma mãe abnegada, dedicada exclusivamente ao lar, do qual quase nunca se ausentava; o pai passeava com suas filhas, cuidava delas e elas cuidavam dele; por sugestão da mãe o esperavam no ponto de ônibus por ocasião do regresso do trabalho para acompanhá-lo até a casa e "para que não lhe acontecesse nada"; as filhas participavam todas nas atividades culturais e religiosas organizadas pelo padre da congregação Mariknoll que tinha a seu cargo essa comunidade.

Como na maioria dos casos de incesto (Herman, 1981), os Pérez constituíam uma família de aparência normal. Quer dizer, uma família daquelas que "desde fora parecem sólidas e funcionam bem. Os pais (...), estabelecidos num casamento de longa data, são estáveis social e economicamente, e parecem bem integrados na comunidade" (Courtois, 1988:40). Porém, como assinalam Swanson e Biaggio, trata-se de uma aparência externa, já que "num exame mais de perto, os mecanismos patológicos internos (das famílias incestuosas) aparecem" (1985:669).

O Incesto na Família Pérez

Efetivamente, por trás dessa lustrosa aparência de se representar ante o mundo e no próprio seio da família, tanto o casal como as filhas habitavam um mundo subjetivo e silenciado que estava cheio de dúvidas, confusões, segredos, mistérios, ocultamentos, incomunicação, medos, falta de limites generacionais e egóicos, produto do que é definido como uma "atmosfera incestuosa", quer dizer, uma atmosfera de relações erotizadas entre pai e filhas, cujo efeito perturbador a mãe se empenhava em negar-se. As filhas se queixam da angústia (mistura de atração e rejeição) que produzia-lhes os jogos carinhosos e as metamensagens (metáforas de conteúdo sexual) do pai e se queixam, também, de que para a mãe aquelas brincadeiras ("ele sempre estava com as suas brincadeirinhas") lhe pareceram engraçadas.

Apesar de que todas viam-se afetadas pelo confuso estilo de relações, Rosa — a filha mais velha — levava a pior parte. Desde pequena tinha sido a mais séria, briguenta, fria e distante. Desde pequena (sete anos), também, tinha sofrido em segredo a tortura de ser abusada sexualmente pelo seu pai. Rosa morava, como ela disse, "naquele inferno de vida" sem atrever-se a confiar em ninguém. Porque, de alguma maneira, adivinhava que não acreditariam nela e que a culpariam daquilo de que era vítima; só animou-se a revelá-lo ao padre na qualidade de segredo de confissão. Nelly — a segunda filha — levava uma carga, sem dúvida, menos pesada: era a favorita do pai, "a menina de seus olhos", a depositária das suas confidências, aquela que prestava contas do acontecido em casa. Porém, desde pequena soube que era objeto de seu desejo; sabia-o pelos seus gestos, os olhares, as piadas, os ciúmes. Quando se tornou mulher e começou a se preocupar com sua aparência, o pai se queixava de que "quando tem santos novos os velhos não fazem milagres". Também o soube porque o pai, em algumas oportunidades, abusou dela tocando seus genitais e, ao ficar mais velha, seus seios. Porém, ela não era submetida a sua vontade sexual como o fazia com sua irmã Rosa, de noite na sua própria casa, na sua própria cama. As duas, também, tinham sofrido abuso pelo avô e pelo seus dois tios paternos. Porém, nunca o contaram.

Em dezembro de 1989, o Sr. Pérez entra em crise: tinha perdido o trabalho, a esposa estava cuidando da sua mãe doente numa outra cidade, a filha mais velha estava viajando. Começou, então, a fazer com Nelly e com Irma — sua terceira filha — o que viera fazendo com Rosa desde que ela tinha sete anos até os 14: deitava-se na cama delas à noite e começava a tocá-las. Seus ciúmes por Nelly exacerbaram e lhe pedia contas de seus amores e da sua sexualidade. Ao saber que sua filha Nelly já não era virgem, o pai a obrigou a manter relações sexuais com ele, porque "o dano já estava feito", já que sua filha era "uma qualquer". Nelly submeteu-se a ele, pois temia deixar as suas irmãs mais novas em casa com o pai nesse estado.

O incesto se tornou público, dentro e fora da família, quando Nelly, assessorada e ajudada pelo sacerdote, foge de casa diante da insistência do pai de continuar tendo uma vida sexual com ela. Decide denunciar os fatos diante da justiça. Apoiada, na sua decisão, pelas irmãs Rosa e Irma.

Ao se conhecer o incesto descobrem-se outros segredos familiares: Irma tinha, nesse momento, cinco meses de gravidez; Rosa não era filha biológica do Sr. Pérez — quando tinha casado com a Sra. Pérez ela estava grávida de outro homem e o marido decide salvar a sua reputação assumindo essa criança como sua.

Uma das múltiplas perguntas que nos fizemos sobre a dinâmica desta família é referente à forma como cada um de seus membros se representa a si mesmo e aos outros e em que medida as intensas emoções mobilizadas permanentemente no seu interior incidem na construção dessas representações.

Auto e Hetero — Representações dos Membros da Família

Nos quadros 1 e 2 podemos observar as categorias de atributos que as três irmãs mais velhas utilizam para expressar o que consideram que elas e seus pais SÃO e NÃO SÃO.

Referem-se à presença ou ausência de qualidades morais (qualidade humana, generosidade, humildade, sinceridade), afetivas (carinho, compreensão), relacionais (alegria, amabilidade, comunicação) e de personalidade (ingenuidade e romanticismo — sonhadora, esperançosa). A instrumentalidade ou capacidade para enfrentar e resolver problemas ocupa uma única categoria. Isto significa que as irmãs estão mais centradas na moral e no afetivo/social.

Observa-se, também, que as irmãs coincidem ao outorgar, espontaneamente, alguns atributos a si mesmas, a uma ou outra, ao pai ou à mãe. Nestas características compartilhadas, e naquelas outras que não são compartilhadas, podemos identificar algumas polaridades:

1. A mais óbvia é que Nelly, a segunda irmã, se percebe e é percebida pelas outras como ALEGRE, espontânea, divertida, e que todas percebem a mãe como TRISTE, sofrida, "não é positiva". Rosa faz um esclarecimento importante quando assinala entre parênteses que Nelly é "muito divertida e brincalhona (mas uma couraça)", quer dizer que a alegria de Nelly é uma máscara sob a qual se oculta outra coisa. Nas entrevistas pudemos constatar que Nelly relata os fatos como se tratasse de um conto, de algo que aconteceu a uma outra pessoa. Até a pessoa que transcreveu os dados ficou surpresa pela ausência de tonalidade afetiva na sua voz quando relatava os fatos mais dolorosos. Nelly manifestou um forte controle afetivo, que interpretamos como um mecanismo de defesa para se proteger das emoções fortes: salvo Rosa, toda a família acabou rejeitando-a e acusando-a depois que denunciou o pai e confirmou suas declarações durante o processo. Foi por isso, também, que ela se definiu como "antiparabólica" e Rosa a define como "demasiado antiparabólica". Esta expressão popular aplica-se a pessoas que não se importam com nada, nem com o que os outros possam dizer.

2. Para Nelly e Irma o pai é CARINHOSO, brincalhão, e a mãe é pouco carinhosa e rancorosa. As cinco irmãs entrevistadas se queixaram que a mãe só era carinhosa com as mais pequenas e que na medida em que iam crescendo cada vez mostrava menos interesse e afeto. Todas indicaram que o pai era o carinhoso, o brincalhão. Porém, essas brincadeiras por meio das quais expressava seu afeto não eram sentidas com ternura e sim com medo, eram brincadeiras erotizadas.

Maria A. Banchs

3. As três irmãs coincidem ao assinalar a AMABILIDADE do pai: ele é "atencioso", disse Rosa; "não é briguento", disse Nelly; "é amistoso", disse Irma. Ao contrário, Rosa é vista pelas irmãs como "detestável", "briguenta", "pouco amistosa". Não é necessário explicar a amabilidade do pai e a hostilidade de Rosa, o que nos interessa destacar é que esses atributos estão presentes na representação que dele e dela fazem Nelly e Irma.

4. As perturbações em e na ausência de comunicação são uma característica desta família. Irma se define e é definida como POUCO COMUNICATIVA, não expressiva, calada, tímida. O pai compartilha com ela essas características. Para Irma, entretanto, "ainda que ele não seja de muito falar e de opinar, "ele não é tímido". A única que é definida como "expressiva" é Rosa; Nelly, igual ao pai, "não é tímida". A polaridade seria: Rosa expressiva / Irma e pai pouco comunicativos.

5. Outra das características desta família é o ocultamento, os segredos e as MENTIRAS. Irma se percebe como "um pouco mentirosa" e é percebida por Rosa como incapaz de "mostrar a cara pela verdade, não é má, porém muitas vezes prefere calar e à sua própria conveniência". Também para Irma, Nelly não é sincera e a mãe é "interesseira", a única sincera é Rosa. A polaridade seria Rosa sincera / Irma e Nelly mentirosas. Chama a atenção o fato de que apesar de ser este um problema central na família, a dimensão sincera/mentirosa é pouco mencionada, sendo a maioria das referências feitas por Irma. Nas entrevistas sobram as queixas sobre a falta de clareza e os ocultamentos, porém não se acusam aos membros da família de mentirosos. Na realidade todos, e em particular o pai, têm ocultado e mentido quanto ao incesto e outros assuntos familiares.

6. Para as duas mais velhas o pai é "dominante, duro, forte"; e para Rosa, Irma e a mãe "são ingênuas e demasiado confiadas, quase bobas". A polaridade é pai forte/mãe e Irma fracas.

7. Irma dá muita importância a HUMILDADE/ORGULHO. Em sua descrição, Rosa, o pai e a mãe são orgulhosos, porém ela não é. Entretanto, Rosa afirmou não ser orgulhosa. E atribui simplicidade, humildade e ausência de vaidade e orgulho a si mesma, a Nelly e à mãe. Para Nelly o pai não é "exibido" (pretensioso), Irma não é "extravagante" — do que se poderia deduzir que eles são simples, humildes. Como vemos, esta polaridade não tem a coerência que oferecem as outras. Destaca-se que Irma centra suas observações no orgulho e Rosa na humildade.

8. Todas percebem Rosa como uma pessoa com QUALIDADES INSTRUMENTAIS, é "responsável", "séria", "não é desordenada". Ela mesma se acha "muito responsável e capaz de abarcar muitos campos". O pai é tido como responsável e trabalhador pelas duas irmãs mais velhas, e só Nelly assinala que a mãe é "lutadora, trabalhadora". De acordo com Rosa, um dos defeitos das suas irmãs é, justamente, a falta de responsabilidade, especialmente em Irma: "Não é capaz de assumir responsabilidades, não é capaz de se decidir em situações difí-

O papel da emoção...

ceis". Irma, ela própria, se define como "covarde". A polaridade aqui seria pai e Rosa com qualidades instrumentais/Irma e Nelly com defeitos instrumentais.

9. A GENEROSIDADE é uma qualidade que todos atribuem a todos, quer dizer que não é bipolar, não se define ninguém como egoísta. Porém se exprimem dizendo que "não são egoístas", ou melhor que são "prestativos". Esta característica é de particular importância para Nelly, quase todas as referências a que são "prestativos" são dela; as irmãs referem mais a que "não são egoístas". Na realidade, as famílias incestuosas tendem a manter-se estritamente unidas no interior e separadas do mundo exterior; segundo Swanson e Biaggio (op. cit.) esta união é aparente e se tece ao redor de uma cumplicidade não explicitada. Por isso, provavelmente, as irmãs não falam de generosidade como tal e sim de ausência de egoísmo e colaboração.

QUADRO 1

ATRIBUTOS POSITIVOS REFERENTES A SI PRÓPRIA E AOS OUTROS*

	ROSA			NELLY			IRMA			PAI			MÃE		
	R	N	I	R	N	I	R	N	I	R	N	I	R	N	I
ALEGRE: espontânea, divertida, risonha		*		+++ ***	++ *	+	+++								
CARINHOSA: doce, sentimental	+ *	+		++	+ *		+	+	+	+	+++				
AMÁVEL: atenciosa, amistosa						+			++	+	+ *				
COMPREENSIVA	+										+				
QUALIDADE HUMANA: linda, maravilhosa, fantástica	+++ ***			+			+++ *			*			+++ + ***	+++ *	
GENEROSA: não egoísta, prestativa	**	+ *	+	+ *	+ *			+ *			+ *				+ *
HUMILDE: simples, não orgulhosa	++			+	**			*	*		+ *				
INGÊNUA: inocente, confiada								+++ +						++	
SONHADORA: esperançosa	++				+										+
SINCERA: não mentirosa			+ *												
COMUNICATIVA: expressiva, não tímida			+					*						*	
INSTRUMENTAL: responsável, trabalhadora, lutadora	++	+++ **	*							++	+				

* Debaixo do nome de cada membro da família foram colocadas as letras: R N I, o que indica a imagem que essa pessoa tem das filhas: Rosa, Nelly e Irma.
O sinal + indica a presença desse atributo nas respostas formuladas em termos de afirmação, por exemplo quando se completa a frase "eu sou, mamãe é, papai é..." O sinal * indica a presença desse atributo nas respostas formuladas em termos negativos, exemplo: "Eu não sou, mamãe não é, papai não é..., etc."

QUADRO 2

ATRIBUTOS NEGATIVOS OUTORGADOS A SI MESMA E AOS OUTROS

	ROSA			NELLY			IRMA			PAI			MÃE		
	R	N	I	R	N	I	R	N	I	R	N	I	R	N	I
TRISTE:															
sofrida,													+++	+	
não alegre,															
não feliz,													+	**	
não positiva													*	***	*
SEM AMOR:															
rancorosa	+			+				+		+			+	+	
não sentimental															
não carinhosa,															
carente					*								*	*	
DETESTÁVEL:															
briguenta,	+	++				++	+								++
pouco amistosa,															
avoada															
NÃO COMPREENSIVA:														+	
SEM QUALIDADE HUMANA:											++				
maldoso, interesseiro, não bom											*				
POSSESSIVO: não colaboradora											+				
ORGULHOSA		+									+				
DOMINANTE											++	+			
REALISTA															
MENTIROSA: não sincera,					+		+	+							+
interesseira					*		*								*
NÃO COMUNICATIVA: não expressiva,									+	+					+
tímida, calada						*		*	*			*	**		
NÃO INSTRUMENTAL: não responsável, indecisa,		+		+		++	+	+							
covarde				*											

No quadro 3 evidencia-se que os atributos positivos são muito mais freqüentes que os negativos (115 e 69, respectivamente), quer dizer, predomina uma imagem positiva dos membros da família. Se subtrairmos, das 69 características negativas, 12 referências à tristeza, que não implicam uma avaliação negativa dos membros da família, e sim em uma referência a um estado de ânimo, aumenta a proporção de atributos positivos.

QUADRO 3
FREQÜÊNCIA DE ATRIBUTOS POSITIVOS E NEGATIVOS NA REPRESENTAÇÃO DE SI MESMAS E DOS OUTROS MEMBROS DA FAMÍLIA

	ROSA			NELLY			IRMA			PAI			MÃE			TOTAL
	R	N	I	R	N	I	R	N	I	R	N	I	R	N	I	
POSIT.	17	10	5	14	8	4	9	7	4	3	9	5	14	5	1	115
NEGAT.	1	2	3	3	2	5	7	2	5	7	4	3	5	10	10	69
TOTAL	18	12	8	17	10	9	16	9	9	10	13	8	19	15	11	184

Se olharmos, agora, as diferentes personagens, podemos notar que Nelly e Irma definem a mãe em termos somente negativos, enquanto que o pai é definido em termos sobretudo positivos. Ao contrário, Rosa, a irmã mais velha, atribui muitas características positivas à mãe e define o pai com poucos traços, porém de conotação bastante negativa. Somente Rosa se coloca na dimensão bondade/maldade que denominamos QUALIDADE HUMANA. Para Rosa, o pai carece de qualidade humana, ele é "muito, mas muito maldoso, muito interesseiro", não é "bom por dentro", a mãe é "linda, bonita, maravilhosa, fantástica, a pessoa mais formosa que Deus me deu, a minha estrela cadente". Apesar de ter sido rejeitada e acusada pela mãe, Nelly não lhe outorga tantos atributos negativos, define-a como uma pessoa muito sofrida, pouco compreensiva e comunicativa e rancorosa. Entretanto, Irma, que deu o seu apoio e mudou sua atitude inicial no processo contra o pai, alterando suas declarações iniciais para lograr a sua absolvição, é a única que não faz menção à tristeza e ao sofrimento da mãe e a percebe de forma mais negativa que suas irmãs: é "briguenta, pouco carinhosa, orgulhosa, interesseira; não é muito sentimental, nem sincera, nem amistosa, não é prestativa, não é positiva".

O papel da emoção... 107

É necessário acrescentar que a atitude da mãe diante do incesto foi sempre de favorecer o marido e culpar as filhas. De acordo com a literatura sobre o tema, o abuso sexual incestuoso acontece em famílias patriarcais, completamente dominadas pela autoridade paterna e nas quais a mãe não oferece proteção às filhas (Vander-Mey e Neff, 1986). Neste sentido, Herman (1981), depois de analisar quarenta casos de incesto pai-filha, conclui que

> "aquelas filhas que confiaram nas suas mães foram identicamente decepcionadas pelas suas respostas. A maioria das mães, ainda quando tiveram consciência da situação, não desejavam ou eram incapazes de defender suas filhas. Estavam muito assustadas ou eram muito dependentes dos maridos (...). Deixaram claro para suas filhas que seus pais vinham primeiro, e que se fosse necessário haveria que sacrificar suas filhas. (1981:89)

Como podemos, então, explicar que Rosa, a quem a mãe maltratou fisicamente, acusando-a quando descobriu o abuso sexual do qual era vítima, tenha uma imagem tão positiva dela? Como entender que Nelly, a quem a família inteira rejeitou por ter mantido a denúncia penal de violação contra o pai, possa ter uma imagem positiva dele? Por que Irma, que teve um importante papel na acusação e culpabilidade de sua irmã Nelly, com intuito de ajudar a mãe a obter a absolvição no processo do marido, tem a imagem mais negativa da mãe em comparação com as suas irmãs? Por que somente Rosa atribuiu más intenções ao pai, enquanto as outras irmãs não incluem este aspecto nas suas definições? É diante destas e de outras perguntas que se deduzem das representações destas três jovens, que consideramos que conteúdos emocionais e mecanismos no manejo das emoções estão necessariamente jogando um papel nos aspectos que se selecionam para construir essa realidade.

Emoções e Representações

1. *Circunstâncias Familiares no Momento em que Recolhemos os Dados*

Antes de começar esta análise é importante identificar o momento no qual nos aproximamos desta família para trabalhar com ela.

Em maio de 1991, o processo penal do pai chegava ao seu fim. A mãe aguardava impaciente no lar, junto com suas seis filhas, a sentença de absolvição. Nelly, a segunda filha, que iniciara o processo penal, era a única que se encontrava isolada do núcleo familiar, rejeitada por todos, com exceção de Rosa, a mais velha. Rosa é a irmã que conseguiu estar ao mesmo tempo unida à sua mãe, às suas irmãs e a Nelly. Nelly era acusada de mentirosa, de promíscua, de má filha: tinha sido a preferida do pai e a argumentação que se construiu foi a de que Nelly tinha tão mau coração que, para se libertar do controle familiar e dar vazão à sua atitude liberal e sedutora, havia levantado essa terrível calúnia. Seu objetivo era buscar uma desculpa para sair de casa. Irma, tinha dado à luz um filho, tinha mudado — assim como Rosa — suas declarações no processo, argumentando que havia mentido para proteger sua irmã Nelly. Irma temia a reação do pai por ter tido, aos 15 anos, um filho fora do casamento. Uma semana depois de ter começado a trabalhar com Nelly, o Sr. Pérez foi absolvido em primeira instância. Duas semanas mais tarde, foi colocado em liberdade sob fiança e, posteriormente, absolvido pelo juiz superior. Mãe e filhas festejaram junto com a comunidade seu regresso ao lar. Rosa, a mais velha, sabendo do regresso do pai, decidiu separar-se do núcleo familiar e vive fora. Nelly estava atemorizada pela possibilidade de represálias por parte do pai.

Estas circunstâncias, sem dúvida, estão estreitamente ligadas à forma como as irmãs entrevistadas construíram a realidade daquele momento. Se a realidade é algo que muda para todos, sua dinâmica é muito mais vital nas famílias incestuosas, pois nelas é necessário procurar constantemente rastros que permitam encontrar alguma clareza em meio a tantas confusões, produto do ocultamento constante.

2. As Emoções, à Luz da Psicologia Crítica

Na Psicologia Crítica de Holzkamp-Osterkamp, temos encontrado importantes reflexões referentes ao papel que desempenham as emoções sobre as cognições e as potencialidades da ação. De acordo com esse autor "a avaliação emocional das circunstâncias ambientais é a base e o primeiro passo de todo processo cognitivo, quer dizer, do pensamento e da ação que busca informação sobre as condições da existência" (1991:105). As emoções mediatizam a informação que selecionamos do ambiente, acentuando alguns aspectos e fazendo com que outros permaneçam no nível subliminar. Elas podem facilitar ou inibir o acesso consciente às informações que estão ao alcance da mão. Todos já experimentamos situações emocionalmente positivas nas quais sentimos uma claridade transparente relativa às relações ou situações objetivas que avaliamos. Em tais circunstâncias parece que compreendemos o mundo e nos sentimos tocados pelas fadas madrinhas da sabedoria. Porém, também, temos experimentado situações emocionalmente negativas, nas quais prevalece a confusão, as coisas não parecem ter nem pé nem cabeça e é difícil desenrolar a informação com o objetivo de entendê-la. Em situações de ambivalência emocional "o processo cognitivo não pode nos oferecer uma orientação que não seja ambígua: pois se dificultam a 'certeza de sentimentos' e os compromissos. Ainda mais, nos conflitos agudos as emoções podem perturbar e até bloquear a aquisição dos próprios conhecimentos. O medo do conhecimento (...) o do conflito tem um efeito mutilador imediato sobre as capacidades do pensamento" (Holzkamp-Osterkamp, 1991:109).

Por outro lado, as emoções nem sempre são conscientes e

dirigem a adaptação do organismo para aspectos específicos do ambiente. A retroalimentação avaliativa sobre o nível de adaptação da conduta individual (...) não se reflete no organismo individual para cada nível separado da relação como ambiente, é mais uma 'qualidade complexa', quer dizer, uma tonalidade emocional global, que condensa automaticamente todas as avaliações particulares dentro de uma realização de uma ação única, em função de uma só, possível, ação para alcançar a meta (Holzkamp-Osterkamp, 1991:103-4).

De acordo com esse princípio, as irmãs Pérez teriam desenvolvido, cada uma delas, uma tonalidade global como produto da sua avaliação do ambiente familiar, em termos das suas possibilidades de identificar condutas adaptativas.

A tonalidade emocional de Rosa para manejar seu conflito familiar é bipolar. Rosa não pode rejeitar conjuntamente o pai e a mãe, portanto constrói uma imagem idealizada da mãe dissociando todos os lados negativos dela (sua falta de expressão afetiva, sua falta de proteção, sua culpabilidade) e uma imagem negativa do pai frente às suas intenções incestuosas: "é de um caráter muito duro e forte, é muito, mas muito maldoso, muito calculista, não é bom por dentro", porém não é um homem totalmente ruim: "é atento, disponível para sua família e responsável". A mãe é "linda, bonita, maravilhosa, fantástica, a pessoa mais formosa que Deus me deu, a minha estrela cadente"; Rosa enfrenta o conflito com o pai agarrando-se à mãe.

Nelly, pelo contrário, dissocia da imagem do pai tudo aquilo que se relaciona com a sua conduta incestuosa para ressaltar que ele é "carinhoso, compreensivo e prestativo; não é egoísta, não procura briga". Sua disposição para o abuso sexual fica condensada na imagem de "possessivo — dominante", muito menos forte que a dada por Rosa. Além disso, justifica sua conduta moral ao assinalar que o pai "não é bêbado, não é viciado". A mãe é "pouco compreensiva, não é carinhosa, não é divertida, não é alegre". Porém, justifica essa atitude quando assinala que é "sofrida", "não é totalmente feliz". A estratégia adaptativa de Nelly é evitar o conflito, negando-o. Isto se manifesta não somente na tonalidade emocional de seu discurso durante as entrevistas, como pela maneira como enlaça os atributos que outorga à mãe, e cuja imagem é mais negativa que a do pai. Por exemplo, assinala: "Mamãe é rancorosa sofrida"; "mamãe não é divertida alegre", e na próxima linha acrescenta: "mamãe não é egoísta". O movimento das suas respostas indica claramente o controle do negativo por meio de uma evocação de um traço positivo que serviria para compensar o primeiro.

Irma não tem com a mãe o mesmo conflito que Nelly, vive com ela e a tem apoiado em tudo. Não é rejeitada nem se sente ameaçada de abandono como Nelly. E mais do que isso, numa das observações que fizemos na casa pudemos constatar até que ponto a Sra. Pérez destacava a inteligência de Irma menosprezando a de Rosa, sua filha mais ve-

110 Maria A. Banchs

lha. E apesar das sete irmãs terem uma aparência física agradável, Irma é a mais bonita. Nas paredes da casa a maioria das fotografias é de Irma. De maneira tal que Irma tem razões para se sentir segura da sua aceitação por parte da mãe; talvez seja por isso que se permite avaliá-la negativamente. Para ela "mamãe é briguenta, pouco carinhosa, compreensiva, orgulhosa, briguenta, interesseira" (repete a palavra briguenta). "Mamãe não é muito sentimental, não é sincera com cada uma de nós, não é amistosa, não é colaboradora, não é positiva." A única qualidade que lhe outorga é a de compreensão, todas as outras referências são negativas, e, como dissemos, é a única das três que não se refere ao sofrimento da mãe. Irma, dissemos, temia a reação do pai quando do regresso ao lar. De fato, queixou-se por se sentir rejeitada por ele quando este voltou. Irma descreve o pai nos seguintes termos: "papai é brincalhão, carinhoso, sentimental, orgulhoso, amistoso". "Papai não é de falar muito sobre os problemas, não é de opinar, não é tímido." Com mais entusiasmo, embora de forma igual à sua irmã Nelly, Irma oferece uma imagem positiva do pai e negativa da mãe. Ao contrário de Nelly, Irma não justifica o negativo com algo positivo: apesar de o pai ser pouco expressivo, não é por timidez.

Por outro lado, se levarmos em conta que nas entrevistas ficou claro ser o medo do pai um sentimento compartilhado pelas cinco irmãs com as quais trabalhamos, encontramo-nos frente a uma situação de ambivalência afetiva: o provedor de carinho é, ao mesmo tempo, um ser ameaçador, enquanto que a mãe, por não estar capacitada para dar afeto a suas filhas, é uma pessoa percebida como fraca, sofrida. Apesar de as filhas estarem conscientes de que a mãe prefere sacrificá-las para permanecer ao lado do marido, a extremada dependência e submissão não deixam de provocar nelas uma certa ternura e um desejo de protegê-la, invertendo, assim, os papéis familiares. Esta ambigüidade emocional, que caracteriza a dinâmica afetiva na família, nos permite compreender o porquê das representações serem mais positivas do que negativas. Até Rosa, a única que se atreve a refletir na imagem do pai seu conflito incestuoso, começa sua descrição dele outorgando-lhe traços positivos: "é atencioso, disponível para a família, responsável".

O caráter confuso das relações, a negação do conflito, o impacto emocional negativo que a vivência do incesto tem sobre as filhas, objeto de abuso, e o que o conhecimento desta vivência tem sobre as outras filhas, que não sofreram abuso, têm um efeito repressor sobre as emoções.

Neste sentido, Holzkamp-Osterkamp explica o seguinte: "a claridade, força e vigor das emoções estão determinadas pela clareza das demandas e metas, frente às quais o indivíduo — ele ou ela — sente-se comprometido, assim como pela deferência e pelo caráter mais ou menos explícito das relações sociais e, também, pelo potencial de desenvolvimento que elas oferecem".

O papel da emoção... *111*

As emoções sociais são claras quando o indivíduo sabe delas e se sente seguro com elas, quando as relações com o ambiente são inequívocas e podem ser realizadas ações apropriadas, fundamentadas na experiência sem se preocupar com os possíveis conflitos.

As emoções são confusas quando as relações ambientais são contraditórias, quando certas possibilidades de desenvolvimento são simultaneamente oferecidas e obstruídas, quando o suporte dos outros é ambivalente, quando alguém é dependente dos outros e é cerceado e explorado por eles, assim como impedido de articular e confrontar essas contradições, quando alguém não pode nem expressar abertamente o impulso emocional dirigido à ação, nem se proteger. Quando tentamos evitar conflitos, as emoções começam a se caracterizar, qualitativa e quantitativamente, pela sua fraqueza, expressão imediata da própria indefensibilidade e impotência. Ou, com o intuito de evitar o ímpeto das reações socialmente indesejadas, e portanto de alto risco, as emoções se retratam, se enfraquecem e empalidecem. Então, o medo às emoções ou a tendência a evitar emoções fortes, quer dizer, o medo às conseqüências dos próprios impulsos, canaliza o pensamento em direções seguras, relativamente neutras. "Por outro lado, ao criar uma distância das coisas, o faz em detrimento da capacidade de pensamento, tornando impossível que uma pessoa realmente entenda os problemas e se comprometa com as ações efetivas" (1991:106).

A banalidade das representações que estas três irmãs nos oferecem de si mesmas, das suas irmãs, do pai e da mãe deve-se, muito provavelmente, ao reflexo dessa canalização do pensamento para direções relativamente neutras, na busca de um lugar seguro que as próprias relações familiares não lhes oferecem.

O Abuso Sexual Incestuoso:
Realidade Vivida ou Idéia Construída

Podemos dizer, como o faz Tomas Ibanez, que quase não nos atrevemos a tornar explícito que nos consideramos construcionistas "por que hoje em dia, afirmar que o conhecimento, todo o conhecimento é uma construção, constitui uma perfeita trivialidade", cuja negação conduziria à opção por posturas absurdas (1991:1). Supomos que as representações que temos analisado são construções sociais, da mesma forma que este texto não é outra coisa senão isto: uma construção da autora que está ali, aguardando para ser desconstruída. Porém, esta postura não nos deve conduzir a negar que haja emoções, vivencialmente experimentadas no mais profundo da subjetividade pessoal, com tudo o que nela há de social.

Neste trabalho tentamos contribuir com algo para a compreensão do porquê de o tabu do incesto não consistir numa proibição da sua prática, senão em uma proibição da fala. Já saímos da época da negação do incesto e da busca de explicações teóricas sobre o tabu e estamos começando a era do reconhecimento da sua existência como prática, e da busca de explicações sobre seu acontecer. Como ilustram as verbalizações que oferecem estas três jovens sobre os membros da sua família, até nessa representação encontramos inscrita a negação do abuso sexual incestuoso.

Se bem que a realidade seja uma construção, a dor e a confusão sobre si mesmas e sobre o mundo que têm experimentado estas e muitas outras crianças e jovens são uma vivência encarnada naquilo que são hoje em dia.

O papel dessas emoções, na negação do incesto, necessita ser elucidado para conseguir colocar, na esfera pública, um problema que se mantém restrito ao âmbito do privado justamente pela via de seu silenciamento. Neste sentido, percebemos como um perigo a posição de alguns construtivistas radicais, que em seu empenho por demonstrar o caráter social da realidade chegam até a negar a subjetividade individual.

Pareceu-nos inaceitável, por exemplo, colocarmo-nos perguntas como as que sugere Stainton Rogers (1989:25): É possível que no próximo século o abuso infantil seja visto como um conceito tão pesado e irreal, como vemos agora a concepção de abuso de si mesmo, que no passado se tinha da masturbação infantil? Da mesma maneira, parece-nos inaceitável alimentar a negação do abuso incestuoso assumindo, como o faz Stainton Rogers, que "o abuso de si mesmo ou o abuso infantil não são simples descrições de algo que as crianças fazem a si mesmas, ou que os adultos fazem às crianças, *são idéias que procedem de uma maneira particular de pensar,* em outras palavras, construções sociais" (1989) (grifo meu).

A violação sexual incestuosa ou não, as torturas, as chacinas e outros crimes existem e têm existido desde o começo da humanidade. São ações de um ser humano sobre outro que produziram no passado, produzem e produzirão dor e sofrimento, não são simples idéias ou construções. A dor se experimenta na própria carne, o que se constrói é a representação que fazemos dessas vivências.

É para evitar que exista mais dor, para oferecer um espaço de atenção às vítimas, para impedir, na medida do possível, que fatos desse tipo continuem atormentando a tantas mulheres, homens, meninos e meninas, que nos parece necessário estudá-los, trazê-los à luz pública, reconhecer a realidade da sua existência e desmanchar seus mecanismos de ocultamento.

Bibliografia

BANCHS, M. A. *Reconstrucción teórica de un caso de família incestuosa.* Rio de Janeiro, Fundação Carlos Chagas (no prelo).

O papel da emoção...

COURTOIS, C. (1988). *Healing the incest wound. Adult survivors in therapy.* New York, Norton & Company.

GONZALEZ REY, F. (1991). "Personalidad, sujeto y psicologia social". Palestra realizada no XXIII Congresso Interamericano de Psicologia, San José de Costa Rica, julho.

HERMAN, J. (1981). *Father-daughter incest.* Cambridge, Harvard University Press.

HOLZKAMP-OSTERKAMP, U. (1991). "Emotion, cognition and action potence". In: TOLMAN, C. W. e MAIERSS, W. (eds.). *Criticai psychology, contributions to an historical science ofthesubject.* Cambridge, Cambridge University Press.

IBANEZ GRACIA, T. (1992). "La construcción del conocimiento desde una perspectiva socio-construccionista". Trabalho apresentado no Congresso Iberoamericano de Psicologia. Madrid, julho.

JODELET, D. (1989). "Représentations sociales: un domaine en expansion". In: _____ (ed.). *Les représentations sociales.* Paris, PUF.

STAINTON ROGERS, R. (1989). "The social constrution of childhood". In: STAM, H. J., ROGERS, T. e GERGEN, K. (eds.). *Child abuse and neglect.* London, The Open University.

PARKER, I., (1989). *The crisis in modem social psychology — and how to end it.* London, Routledge.

_____ (1990). "The abstraction and representation of social psychology". In: PARKER, I. e SHOTTER, J. (eds.). *Deconstructing social psychology.* London, Routledge.

RIME, B. (1989). "El reparto social de las emociones". In: ECHEBARRIA, A. e PÁEZ, D. (eds.). Madrid, Fundamentos.

SWANSON, L. e BIAGGIO, M. K. (1989). "Therapeutic perspectives on father — daughter incest". In: *The American Journal of Psychiatry,* 142, 6, 667-674.

VALENCIA, J. F., PÁEZ, D. e ECHEBARRIA, A. (1989). *Teorias sociopsicologicas de las emociones.* In: op. cit., Madrid, Fundamentos.

VANDER-MEY, B. e NEFF, R. (1986). *Incest as child abuse. Research and applications.* New York, Praeger.

CONTRIBUIÇÃO DE VIGOTSKI PARA O ESTUDO DAS EMOÇÕES

SILVIA T. MAURER LANE DENISE DE CAMARGO

Introdução

Vigotski tem sido estudado por educadores preocupados com o desenvolvimento infantil e com a aquisição da linguagem, sempre à procura de práticas que aprimorem o processo de aprendizagem intelectual de crianças que freqüentam tanto o pré como a escola primária. Se antes Piaget era o "guru" dos educadores, hoje, cada vez mais, é Vigotski a ocupar este papel. Também os semiólogos vêem na sua obra elementos importantes que elucidam o papel dos signos e símbolos tanto na aquisição da linguagem como no desenvolvimento do pensamento humano.

Porém, a sua maior contribuição é para a Psicologia, a qual ele se propunha a reconstruir em novas bases epistemológicas, trazendo ao debate reflexões e análises amplas e profundas. Um intelectual sem fronteiras percorria a filosofia, as ciências sociais, a literatura e as artes — é esta por sinal que o leva à Psicologia. Crítico de arte literária e desafiado pela compreensão da emoção estética que uma obra desperta, procurou no indivíduo o conhecimento dos processos que ocorriam quando este se defrontava fosse com uma fábula, uma poesia, ou Hamlet de Shakespeare; aí surgiu sua primeira obra, *Psicologia da arte*. E a análise que ele faz do processo que envolve a emoção estética literária permite generalizá-la para todas as artes...

Desta forma podemos afirmar que a porta de entrada de Vigotski para a psicologia foi a *emoção*. Mas ele continuou por outras veredas. Uma questão que já formulamos várias vezes é: por que teria ele abandonado esta temática para se dedicar ao desenvolvimento infantil, à aprendizagem da linguagem e ao pensamento?

Tudo indica que como intelectual socialista, identificado com a Revolução de 1917, se voltasse para as necessidades prementes da nação, ou seja, a educação do povo e, principalmente, a das novas gerações. O urgente era entender o poder da linguagem e do pensamento e

116 Silvia T. M. Lane / Denise de Camargo

como ambos constituem a consciência de cada indivíduo. Este era o objeto e o objetivo de estudos que poderiam colaborar com as transformações sociais propostas pela revolução — era a necessidade histórica do momento.

Profundo conhecedor das obras de Marx e Engels, sabia da importância da construção, via educação, de um novo ser humano — livre e criativo.

Com esta meta diante de si, sem dúvida, a criança, a linguagem, o pensamento e os processos de aprendizagem foram suas prioridades. E, se a tuberculose não o levasse prematuramente, Stalin por certo se incumbiria de fazê-lo, pois todos os seus companheiros se disfarçaram em psiconeurólogos, uma vez que a única psicologia infantil nesse período era a de Pavlov — sem que este fato desmereça a sua contribuição científica tão conhecida e admirada por Vigotski.

Pelo que tudo indica, a década de 20 na União Soviética foi culturalmente muito rica, com intercâmbios artísticos e científicos com países de todo o mundo. É suficiente ler um artigo de Vigotski para encontrarmos citações e referências de psicólogos contemporâneos norte-americanos, franceses, alemães e outros. A própria teoria de Freud era amplamente debatida na Sociedade de Psicanálise Russa, que Luria chegou a presidir e Vigotski, a participar ativamente.

Também a filosofia e as ciências sociais, produzidas nos grandes centros culturais, constituíam o cotidiano das reflexões e discussões intelectuais.

É nessa década que Vigotski produz intensamente. Segundo Leontiev, ele escreveu nesse período "cerca de 180 trabalhos, dos quais 135 foram publicados e 45 vieram à luz" (p. 419).

Dotado de um pensamento crítico e analítico, examina todas as correntes psicológicas de sua época, inclusive aquelas que se diziam revolucionárias, para concluir sobre a necessidade de se construir uma nova psicologia com bases sólidas no materialismo histórico e dialético. Parte, assim, de uma concepção histórica do ser humano que, ao transformar a natureza, se transformou desenvolvendo um psiquismo, produto das funções cerebrais superiores. Desta forma, o psicológico e o fisiológico constituem uma unidade, e afirma Vigotski:

> O reconhecimento da unidade deste processo psicofisiológico nos conduz obrigatoriamente a uma exigência metodológica completamente nova: não devemos estudar os processos psíquicos e fisiológicos de forma separada, pois que desligados do conjunto tornam-se totalmente incompreensíveis; devemos, pois, abordar o processo em sua totalidade, o que implica em considerar ao mesmo tempo os aspectos subjetivos e objetivos. (1991:100)

Partindo destes pressupostos, Vigotski admite a existência de processos inconscientes, os quais se caracterizam por serem não verbais.

Contribuição de Vigotski para o estudo das emoções 117

Assim, se a linguagem constitui a mediação fundamental na formação da consciência, podemos pressupor que as emoções não verbalizadas constituíram o inconsciente.

Apesar de Vigotski não ter desenvolvido estudos sistemáticos sobre as emoções, elas estão presentes em toda a sua obra, desde a *Psicologia da arte,* onde analisa a emoção estética como um processo catártico inconsciente, até nos processos motivacionais e no próprio pensamento. E tudo indica que seus futuros trabalhos versariam sobre este tema, pois sabe-se de um artigo escrito entre 1931 e 1933 intitulado "Doutrina das emoções. Investigação histórico-psicológica"(Inédito). E consta que teria deixado inacabado um outro denominado "A doutrina de Spinoza e Descartes sobre as emoções à luz da psiconeurologia atual".

Várias pesquisas realizadas no nosso grupo apontaram para a importância das emoções como mediação entre as categorias constitutivas do psiquismo humano, levando-nos a considerar a Afetividade como uma das categorias fundamentais, ao lado da Consciência e da Atividade, sendo a Identidade uma categoria-síntese da relação indivíduo-sociedade.

É nesta ótica que uma leitura cuidadosa dos textos de Vigotski, onde é abordada a questão da emoção e dos afetos, poderá trazer uma preciosa contribuição para orientar futuras pesquisas que deverão elucidar e precisar os processos conscientes e inconscientes e o papel da afetividade na constituição da subjetividade humana.

Este trabalho, fruto de pesquisas em textos em português, espanhol e em italiano, contém quase que exclusivamente citações. Elas são propositais para conservar na íntegra as palavras de Vigotski e evitar, dentro do possível, deformações que ocorreriam se arriscássemos interpretações.

No livro *Psicologia da arte* (1915-1922) encontram-se os primeiros estudos de Vigotski sobre as emoções. Uma parte significativa da obra está voltada para a crítica das teorias que ele caracteriza como reducionistas ou unilaterais no que se trata de especificar a função humana e social da arte. Posiciona-se contrário a definir a arte como conhecimento e reduzi-la a sua função cognoscitiva. Identifica como intelectualismo unilateral a postura dos teóricos que reconhecem na arte unicamente o esforço da inteligência, do pensamento, e que consideram as outras funções como casuais, acessórios da psicologia da arte (Vigotski, 1972:51). Para Vigotski, as emoções jogam um papel importantíssimo na criação artística. Afirma: "(...) a arte é uma função do pensamento, porém de um pensamento emocional peculiar" (1972:69). As leis que regem o pensamento emocional são totalmente diferentes das leis a que está subordinado o pensamento lógico discursivo. No pensamento emocional "o processo cognoscitivo fica relegado a um segundo plano, fica diminuído e não reconhecido" (Vigotski, 1972:68).

Segundo Vigotski, as representações afetivas supõem um ato emotivo.

118   *Silvia T. M. Lane / Denise de Camargo*

A imaginação e a fantasia estão a serviço da esfera emocional, mesmo que sua expressão apareça muitas vezes como pensamento lógico, a finalidade e a direção são dadas pela emoção. A principal finalidade do processo é completamente distinta, mesmo que as formas exteriores coincidam minuciosamente. A atividade da imaginação representa uma descarga de afetos, do mesmo modo que os sentimentos se resolvem em movimentos expressivos. (Vigotski, 1972:68)

Importante notar que não encontramos em Vigotski a dicotomia entre pensamento e emoção. Pelo contrário, a motivação e a emoção constituem a gênese do pensamento. No final do livro *Pensamento e linguagem* escreve:

O pensamento propriamente dito é gerado pela motivação, isto é, por nossos desejos e necessidades, nossos interesses e emoções. Por trás de cada pensamento há uma tendência afetivo-volitiva, que traz em si a resposta ao último 'por que' de nossa análise do pensamento. Uma compreensão plena e verdadeira do pensamento de outrem só é possível quando entendemos sua base afetivo-volitiva. (Vigotski, 1987:129) Para compreender a fala de outrem não basta entender as suas palavras — temos que compreender o seu pensamento. Mas nem mesmo isso é suficiente — também é preciso que conheçamos a sua motivação. (Idem, ibidem:130)

Portanto, qualquer que seja o nível a que pertença o pensamento (emocional ou lógico), ele é sempre um fenômeno que tem na base uma emoção. Compreende-se que o processo cognitivo nunca existe independente da emoção. O que ocorre é que às vezes ela fica encoberta e torna-se difícil o seu reconhecimento.

Na conferência "O desenvolvimento das emoções na idade infantil", Vigotski aponta a tendência biológica que por muito tempo dominou a literatura especializada e "entrou em quase todos os livros acadêmicos, inclusive os nossos". Esta teoria das emoções nasce dos escritos de Darwin que em *The expression of the emotions in men and animals* (1872) estabeleceu uma relação entre as emoções humanas e as reações afetivas e instintivas correspondentes nos animais. Darwin mostrava que os sentimentos humanos "têm uma origem animal como o homem todo em seu complexo".[1]*

A psicologia inglesa, não obstante impregnada pelas tradições religiosas, acolheu a tese de Darwin partindo do fato que este havia demonstrado que as paixões terrenas do homem, seus impulsos 'egoístas', suas emoções ligadas às preocupações quanto ao próprio corpo têm, efetivamente, uma origem animal.

---

* As citações de números 1 a 18 são retiradas da Conferência "O desenvolvimento das emoções na idade infantil", publicada no livro *Lezioni di psicologia*. Tradução de Luciana Albanese, não publicada.

Segundo Vigotski, o pensamento psicológico, continuando as idéias de Darwin, desenvolve a teoria da origem biológica das reações humanas nas reações instintivas dos animais. E adota o procedimento de identificar os movimentos expressivos do homem com as reações animais. Aparecem estudos que consideram, por exemplo, o nosso medo como:

resíduos rudimentares de reações animais de fuga e defesa, enquanto os movimentos expressivos que acompanham nossa ira são considerados resíduos rudimentares dos movimentos que acompanham a reação de ataque dos nossos antepassados animais. O medo seria uma fuga bloqueada; a ira, uma briga bloqueada.[3]

Esta explicação biológica estava longe de expressar as especificidades das emoções humanas, uma vez que estudava as emoções humanas independentemente dos outros processos psicológicos.

Por outro lado, esta teoria teve reflexos na educação que orientava para a necessidade de ensinar as crianças a controlarem suas emoções. "Nas crianças se estudava, ao invés do como se dá o desenvolvimento das emoções, e se ensinava como se sufocam, se enfraquecem, se eliminam as descargas emotivas imediatas que são próprias da primeira infância.[4]" A evolução das emoções "consistia no fato que enquanto o desenvolvimento da psique humana ia em frente, as emoções retrocediam".[5]

A emoção vista somente pelo aspecto biológico colocou um problema. Não explicava a existência no homem dos sentimentos tidos como "superiores", sentimentos religiosos, o amor à emoção estética entre outros, e parecia levar à negação de toda uma parte significativa da vida psíquica.

Aparece então a necessidade de dividir as emoções em inferiores e superiores. As inferiores seriam herdadas pelo homem de seus antepassados animais e as emoções superiores teriam outra natureza. As inferiores teriam uma origem orgânica. A origem das superiores não era explicada.

Lange e James desenvolvem esta teoria e procuram a fonte das emoções no próprio organismo humano. Estes autores mudam o paradigma da

tradicional sucessão dos momentos que compõem as reações emotivas. Antes de James e Lange o curso das emoções era assim compreendido: 1. um acontecimento exterior ou interior cuja percepção suscita uma emoção (encontro com o perigo); 2. vivência da emoção (sentimento de medo); 3. surgimento da expressão corporal correspondente (taquicardia, palidez, tremor). Percepção — sentimento — expressão. Para James e Lange após a percepção surgiriam as modificações orgânicas (principalmente modificações vasomotoras e viscerais) e essas mudanças, quando percebidas, resultariam nas emoções.[6]

Conforme este ponto de vista, estamos amedrontados porque trememos e não trememos porque estamos amedrontados.

Com a preocupação de demonstrar que as emoções não desapareciam, James e Lange relacionaram

as emoções aos órgãos mais imutáveis, àqueles mais baixos no desenvolvimento histórico da humanidade, àqueles órgãos internos que são, segundo James, os verdadeiros portadores das emoções. As mais sutis reações do intestino e do coração, as sensações que provêm das cavidades e dos órgãos internos, o jogo das reações vasomotoras são os elementos vegetativos, viscerais, humorais de cuja percepção formam-se as emoções.[7]

O dualismo entre pensamento e emoção continua. A emoção, nesta teoria, é explicada por processos orgânicos desvinculada dos outros processos psíquicos. Para James "o órgão do pensamento humano é o cérebro, os órgãos das emoções são os vegetativos internos"[8]. Dizia ele que os sentimentos superiores se desenvolveram e se aperfeiçoaram no período histórico da evolução humana, mas que o campo das emoções inferiores permanecia inalterado, imutável, como o homem recebeu dos seus ancestrais animais. No caso dos inferiores, trata-se de uma simples função de atividade orgânica. A tese fundamental de James era que as emoções são um reflexo de modificações orgânicas em nossa consciência.

A teoria de James não estabelece

ligação entre o que o homem recebeu do animal e o que surgiu no período histórico do desenvolvimento. Procura estabelecer uma série de emoções superiores de significado puramente intelectual e, por outro lado, uma série de emoções inferiores puramente orgânicas, fisiológicas quanto ao seu significado.[9]

Novos experimentos demonstraram a inconsistência da teoria de James. Cannon apresentou, através de experimentos, que a diversidade das expressões corporais dependia não tanto da qualidade das emoções, mas do grau de sua intensidade e manifestação. Que expressões iguais poderiam ser originadas por emoções diferentes. As tentativas de criar a emoção (modificações orgânicas através de experimentos com injeções) "levaram apenas ao resultado que surgia um estado que lembrava as emoções, mas a emoção verdadeira e própria em sentido psicológico faltava".[10]

Cannon demonstrou que a emoção não se extingue, como pensavam os seguidores de Darwin, e sim os componentes instintivos da emoção. "O papel das emoções na psique humana é outro: elas se isolam do reino dos instintos e se transferem para um plano completamente diferente."[11] Refutando James, demonstrou ainda que "os portadores

Contribuição de Vigotski para o estudo das emoções 121

dos processos emotivos não são os órgãos internos da vida vegetativa, nem os órgãos mais antigos no sentido biológico: o substrato material das emoções é o cérebro".[12]

Por outro lado, estas conclusões foram interessantes porque demonstraram a impossibilidade de separar as emoções em inferiores e superiores e colocaram a emoção em relação com os outros processos psíquicos.

Vigotski nota que Freud foi um dos primeiros pesquisadores a negar que o elemento mais importante para o estudo das emoções fosse o estudo dos componentes orgânicos que as acompanham. "Reprovava as teorias de James e Lange porque, ao estudarem o funcionamento dos órgãos nos quais se exprimem as emoções, não estudam a emoção enquanto tal. Freud mostrou a extraordinária dinâmica da vida emotiva."[13] Demonstrou que as emoções nem sempre foram como aparecem no adulto, que nas primeiras fases do desenvolvimento infantil elas foram diferentes. Demonstrou, ainda, que as emoções só podem ser compreendidas no contexto de toda vida humana.

Vigotski, entretanto, não concorda com Freud com o papel que este atribui à função sexual na interpretação das emoções. Critica, por exemplo, a explicação que Freud dá ao medo, transformando-o em um estado neurótico, o equivalente a uma série de desejos recalcados sem sucesso vividos pela criança. O sexual, para Freud, está contido na base das emoções, embora a maioria das vezes oculto. Outra crítica é dirigida ao papel particularmente importante atribuído pelos psicanalistas ao inconsciente e à redução do papel da consciência. Para Vigotski:

> Não existe um muro intransponível entre a consciência e o inconsciente. Os processos que começam no inconsciente emergem freqüentemente à consciência ou, inversamente, deslocamos da esfera inconsciente numerosos fenômenos conscientes. Existe uma relação dinâmica viva, permanente, que não se interrompe nem por um instante, entre ambas as esferas de nossa vida anímica. (1972:100)

Na conferência "O desenvolvimento das emoções na idade infantil", Vigotski se refere a outras conquistas obtidas para a teoria das emoções. Menciona os trabalhos de Adler, a teoria de Buhler, Claparède e Lewin.

Cita o trabalho de Adler por ter demonstrado

> que a emoção por seu significado funcional está ligada não só à situação instintiva na qual se manifesta, como se observa, em particular nos animais, mas é um dos elementos que formam o caráter e demonstrou que as idéias gerais do homem sobre a vida, a estrutura de seu caráter, por um lado, se refletem em uma determinada parte da vida emotiva, por outro, são determinadas por essas emoções.[14]

122   Silvia T. M. Lane / Denise de Camargo

A emoção passa a ser relacionada à formação do caráter, isto é, a processos de construção e de formação da estrutura psicológica da personalidade.

Na teoria de Buhler, Vigotski ressalta as contribuições para a psicologia infantil muito mais que outros autores. Elaborando uma topografia psicológica das emoções e fazendo críticas às concepções freudianas da vida emotiva, Buhler chama a atenção para a não-primazia do princípio do prazer na determinação da atividade e do desenvolvimento da vida psíquica infantil e demonstra que o prazer na idade infantil troca de lugar no sistema das demais funções psíquicas.

Para Vigotski, Claparède "conseguiu mostrar o nó estreitíssimo entre as emoções e os outros processos da vida espiritual e a variedade psicológica das emoções".[15]

Lewin mostrou, através de pesquisa experimental, como um estado emotivo se transforma em outro, como surge a substituição das emoções, como a emoção não resolvida continua a existir em modo latente. A idéia fundamental de Lewin é que as reações afetivas ou emotivas não podem ser encontradas em forma isolada, como elementos particulares da vida psíquica. A reação emotiva é um particular resultado de uma estrutura determinada do processo psíquico.

Vigotski conclui a Conferência sobre o desenvolvimento das emoções ressaltando as duas linhas que tentou seguir em sua exposição:

> de um lado as pesquisas anatômicas e fisiológicas que transferiram o centro da vida emotiva de um mecanismo extracerebral a um cerebral, e por outro lado, as pesquisas psicológicas que transferiram as emoções do último para o primeiro lugar na psique humana e as retiraram de sua condição isolada de 'estado no estado', introduzindo-as na estrutura de todos os demais processos psíquicos (...).[16]

Vigotski colocou o problema da emoção dentro do marco do conhecimento da "nova" psicologia, que elaborou princípios filosófica e metodologicamente. No texto "O significado histórico da crise da psicologia" salientou a necessidade da elaboração dos fundamentos filosóficos e metodológicos da psicologia com bases no materialismo dialético, convencido de que todas as teorias psicológicas têm uma base filosófica, manifesta umas vezes e oculta outras, que determina como são explicados os fatos concretos. E convencido, também, que

> só depois de haver sido elaborada a base metodológica da ciência cabe estudar os fatos concretos obtidos por investigadores que mantenham diferentes posições teóricas. Então será possível assimilar organicamente estes fatos e não ir à saga dos mesmos, não cair em suas redes nem transformar a teoria em um conglomerado eclético de distintos fatos, hipóteses e metodologias. (Vigotski, 1990:427)

Considerava de fundamental importância para a psicologia a cria |
ção de uma "ciência geral" que sistematizasse o saber científico, destacando seus fundamentos e seus princípios. Que operasse com conceitos fundamentais (categorias) e princípios explicativos e desempenhas-
se o papel de metodologia com respeito à investigação empírica concreta. Ressaltava "que os conceitos são objetos de contínua crítica através
da prática, no trabalho diário do cientista, mediante sua correlação com
os fatos reais, com os dados empíricos" (Vigotski, 1990:468).

Portanto, a emoção no trabalho de Vigotski, como os outros aspectos da vida psíquica, deve ser compreendida a partir dos pressupostos metodológicos formulados por ele.

Na comunicação apresentada no Primeiro Congresso de
Psiconeurologia da Ucrânia (1934), com o título de "A psicologia e a
teoria da localização das funções psíquicas", Vigotski expõe os princípios do "método experimental psicológico" que utiliza em sua análise.
Sintetiza o método em dois aspectos principais:

> 1. Substituir a análise que decompõe o completo conjunto psicológico
> em seus elementos integrantes (e que em seu processo de decomposi-
> ção do conjunto em seus elementos perde aquelas propriedades globais
> próprias do conjunto que tratava de explicar), por outra forma de análise
> em que se decomponha o conjunto completo em unidades que não po-
> dem ser objeto de ulterior decomposição, mas que sigam conservando
> em sua forma mais simples as propriedades inerentes ao conjunto.
> 2. Substituir a análise estrutural e funcional, incapaz de abarcar a ativi-
> dade em seu conjunto, pela análise interfuncional ou por sistemas,
> baseada em análises das conexões e relações interfuncionais, determi-
> nantes de cada uma das formas de atividade dadas.

O segundo princípio do método é fundamental para a compreensão da emoção na obra de Vigotski. Para ele, a emoção não poderia ser
estudada isoladamente, mas através das relações que estabelece com as
outras funções psíquicas, formando um sistema funcional como um
conjunto dinâmico. Dinâmico no sentido de organismo em atividade,
em desenvolvimento e transformação. Segundo Vigotski: "O desenvolvimento histórico dos afetos ou das emoções consiste fundamentalmente em que se alteram as conexões iniciais em que se produzem e
surge uma nova ordem e novas conexões" (1990:139).

A noção de sistema é outro conceito importante na obra de Vigotski.
Na conferência "Sobre os sistemas psicológicos" (1930) desenvolve
este conceito.

> A idéia principal consiste em que, durante o processo de desenvolvi-
> mento histórico, o que muda não são tanto as funções, como havíamos
> considerado anteriormente (este era o nosso erro), nem sua estrutura,
> nem sua pauta de desenvolvimento, mas o que troca e se modifica são

as relações, quer dizer, o nexo das relações entre si, de maneira que surgem novos agrupamentos desconhecidos no nível anterior. (Vigotski, 1990:72).

Vigotski chama de sistema psicológico ao aparecimento destas novas relações em que se situam as funções.

Importante notar, como lembra Leontiev (apud Vigotski, 1990:447), que o conceito de sistema já era utilizado em psicologia, antes de Vigotski, com diversos significados imprecisos. "De fato, os psicólogos sabiam há muito que, por exemplo, nos processos da memória lógica, participa não só a memória, mas também o pensamento. O mérito de Vigotski consistiu em demonstrar, a partir do método histórico-genético, que os sistemas psicológicos se formam através dos signos, devido ao caráter mediado das funções psíquicas" (Idem, ibidem). A importância estava no fato de ter formulado a hipótese da mediação dos processos psíquicos. E de ter concluído que as funções psíquicas se desenvolvem no curso da evolução histórica da humanidade através da interiorização dos signos, que são os símbolos convencionais que têm significado.

Para demonstrar a importância da utilização da análise interfuncional ou por sistema, Vigotski começa analisando as funções mais simples (processos sensoriais e motores) e passa em seguida ao estudo das funções superiores (linguagem e pensamento). Mostra que as funções, no processo de desenvolvimento, entram em relações completamente novas com outras funções, alterando as conexões iniciais e formando uma nova ordem entre as funções, surgindo novas conexões.

Em sua constituição inicial (nas crianças, nos animais ou nos adultos) os processos sensoriais e motores formam um todo único. O processo motor constitui um prolongamento do processo sensorial. Porém, quando analisamos mais longe esta unidade se destrói.

> A motricidade adquire um caráter relativamente independente com respeito aos processos sensoriais e estes últimos isolam-se dos impulsos diretos, surgindo entre eles relações mais complexas. O mais interessante é que, quando o processo retorna de novo a uma situação na qual o sujeito está em tensão emocional, restabelece-se a conexão direta entre os impulsos motores e sensoriais. Quando o homem não se dá conta do que está fazendo e atua sob a influência de uma reação afetiva, pode-se comprovar seu estado interno e suas características perceptivas através de sua motricidade, observando-se novamente o retorno à estrutura característica de estágios prematuros de desenvolvimento. (Vigotski, 1990:74)

Os processos motores e sensoriais que formavam uma unidade, própria do primeiro nível de desenvolvimento, adquirem uma relativa independência.

Contribuição de Vigotski para o estudo das emoções 125

O que caracteriza a motricidade do adulto não é evidentemente sua constituição inicial, mas as novas conexões, as novas relações em que acha-se a motricidade com respeito às restantes esferas da personalidade, as restantes funções. (Vigotski, 1990:74)

Também a percepção, em seu processo de desenvolvimento, estabelece relações com outras funções. Principalmente com a linguagem começa a formar novo sistema, tão complicado que resulta difícil de | compor e cuja desintegração só pode ser observada na patologia. Na afasia ou em formas profundas de desintegração das funções intelectuais observa-se a separação da percepção do complexo em que se desenvolve. No entanto, no homem adulto a percepção converte-se em uma parte do pensamento em imagens, porque ao mesmo tempo que percebo vejo que objeto percebo. O conhecimento do objeto resulta simultâneo à percepção do mesmo.

Em seguida, Vigotski mostra a importância da linguagem na formação das complexas conexões psicológicas que se estabelecem entre as funções. Para ele, sem o signo, o cérebro e suas conexões não poderiam converter-se nas complexas relações em que se tornam graças à linguagem. Os signos são na origem meios de comunicação, meios de relacionamento entre os homens. Sua origem é social, como forma interpsicológica no início para depois converter-se em intrapsicológica.

Portanto, "os meios para a comunicação são centrais para formar as complexas conexões psicológicas que surgem quando estas funções se convertem em individuais, em uma forma de comportamento da própria pessoa". (Vigotski, 1990:78)

Vigotski demonstra que as funções psíquicas superiores são sociais na sua origem. Demonstra, ainda, que os meios de comunicação desempenham a função de meios de conexão das funções psíquicas, e que, através do conteúdo que transmitem, também determinam como são distribuídas estas funções no sistema psicológico.

Vigotski explica este mecanismo utilizando exemplo da significação dos sonhos em sociedades "primitivas".

A singularidade da forma de pensar do homem primitivo não consiste em que ele não tenha suficientemente desenvolvidas as funções que nós possuímos ou que lhe falte alguma delas, mas que distribuem, do nosso ponto de vista, de forma distinta estas funções. Um dos exemplos mais impressionantes são as observações de L. Levi-Bruhl (1930) a respeito de um cafre, a quem um missionário propôs enviar seu filho para uma escola de missão. Para o cafre a situação resultava complicada e difícil, e ele disse: 'Isto verei em sonhos'. Levi-Bruhl observa com propriedade que nos achamos ante uma situação em que nós falaríamos: 'Pensarei'. No entanto, o cafre disse: 'Isto verei em sonhos'. Para ele o sonho desempenha a mesma função que o pensamento para nós. Convém nos determos neste exemplo porque, aparentemente, as leis

126 Silvia T. M. Lane / Denise de Camargo

dos sonhos são as mesmas para o cafre que para nós. (...) As leis do sonho são as mesmas, porém o papel que desempenha o sonho é totalmente distinto e observamos que não só existe esta diferença entre o cafre e nós, mas também entre o romano e nós (...). (Vigotski, 1990:79)

O que ocorre é que para o cafre e para o romano o sonho entra em outra conexão estrutural com as restantes funções.

No exemplo do sonho do cafre "temos um mecanismo psicológico cuja origem vem determinada por um sistema conceituai, pelo valor que se dê a tal função". (Vigotski, 1990:80)

Nota-se em primeiro lugar que os sonhos entram em relações novas com outras funções, formando um complexo sistema psicológico. Em segundo lugar, que este novo sistema surge de conceitos ideológicos presentes no contexto social em que os indivíduos desenvolvem suas atividades.

A importância deste mecanismo, que "é aplicado à construção de toda uma série de complexos sistemas psicológicos" (Vigotski, 1990:80), reside no entendimento de que os signos sociais (que são ideológicos) inscrevem no biológico, na medida em que podem determinar as conexões entre as funções psíquicas.

Segundo Vigotski:

A valorização do pensamento e dos sonhos não tem uma fonte individual, mas social, porém a nós isto interessa de outro ângulo. Vemos como aparece aqui um novo conceito de sonhos, extraído pelo homem do meio social em que vive, que cria uma nova forma de comportamento intra-individual em um sistema, como no sonho do cafre. (1990:80)

Portanto, o significado que as funções adquirem na consciência das pessoas, determinando o aparecimento de novos sistemas e de novas formas de comportamento, surge a partir dos conteúdos extraídos pelo homem do meio social onde desenvolve suas atividades.

Importante assinalar que a extração dos conteúdos ocorre na atividade, através do processo de interiorização que "realiza-se porque as operações externas integram-se em uma função complexa e em síntese com toda uma série de processos internos". (Vigotski, 1990:81) Vigotski demonstra este processo com o exemplo das mudanças observadas nas funções psíquicas do adolescente quando comparado com crianças de idade escolar. É característica da adolescência a passagem das funções da memória, da atenção do pensamento para dentro. "O que para o escolar é externo, no âmbito da memória lógica, da atenção arbitrária, do pensamento, se converte em interno no adolescente" (Vigotski, 1990:81), formando um novo sistema. Agora,

para o adolescente, recordar significa pensar. Se antes da idade de transição o pensar da criança apoiava-se na memória, e pensar significava recordar, para o adolescente a memória apóia-se fundamentalmente no pensamento: recordar é antes de tudo buscar em uma determinada seqüência lógica o que ele necessita. Esta distribuição de funções, esta mudança em sua relação, que introduz decididamente o papel do pensamento em todas elas, e que coloca como resultado que este último não seja uma função entre outras, mas a que distribui e modifica outros processos psicológicos, que se observa na idade de transição. (Vigotski, 1990:82)

O adolescente passa a pensar em conceitos, partindo de outro sistema de pensamento, das conexões complexas.

A idade de transição é a idade de estruturação da concepção de mundo e da personalidade, do aparecimento da autoconsciência e das idéias coerentes sobre o mundo. A base para este fato é o pensamento em conceitos, e para nós toda a experiência do homem culto atual, o mundo externo, a realidade externa e nossa realidade interna, estão representados em um determinado sistema de conceitos.
Pensar a base de conceitos significa possuir um determinado sistema já preparado, uma determinada forma de pensar, que ainda não tenha predeterminado em absoluto o conteúdo final a que se vai chegar. (Vigotski, 1990:81)

Importante ressaltar o papel da palavra na formação dos conceitos. Para Vigotski, os conceitos se formam mediante uma operação intelectual em que todas as outras funções participam, porém a operação é dirigida pelo uso das palavras. As palavras, como instrumentos que orientam a atenção, abstraem determinados traços, sintetizam e simbolizam, formando assim o conceito.
A forma de pensar, que com o sistema de conceitos nos tem sido imposta pelo meio que nos rodeia, inclui também nossos sentimentos. Não sentimos simplesmente: o sentimento percebemos na forma de ciúmes, raiva, ultraje, ofensa. Se dizemos que depreciamos alguém, o fato de nomear os sentimentos faz com que estes variem, já que guardam certa relação com nossos pensamentos. Com os sentimentos sucede algo parecido ao que ocorre com a memória, quando se converte em parte interna do processo do pensamento e começa a denominar-se memória lógica. Da mesma forma que é impossível separar onde termina a percepção superficial e onde começa a compreensão em questão de um objeto determinado (na percepção estão sintetizadas, fundidas, as particularidades estruturais do campo visual e da compreensão), exatamente igual ao nível afetivo. Nunca experimentamos os ciúmes de maneira pura, mas ao mesmo tempo somos conscientes de suas conexões conceituais.
A teoria fundamental de Spinoza (1911) é a seguinte. Ele era um determinista, ao contrário dos estóicos, e afirmava que o homem tem poder sobre os afetos, que a razão pode alterar a ordem e as conexões

128   Silvia T. M. Lane / Denise de Camargo

das emoções e fazer que concordem com a ordem e as conexões dadas na razão. Spinoza manifestava uma atitude genética correta. *No processo do desenvolvimento ontogenético, as emoções humanas entram em conexão com as normas gerais relativas tanto à autoconsciência da personalidade como à consciência da realidade.* Meu desprezo a outra pessoa entra em conexão com a valorização desta pessoa, com a compreensão dela. Nesta complicada síntese é onde transcorre nossa vida. *0 desenvolvimento histórico dos afetos ou das emoções consiste fundamentalmente em que se alteram as conexões iniciais em que se produziram e surgem uma nova ordem e novas conexões.*

Dissemos que, como expressava acertadamente Spinoza, o conhecimento de nosso afeto o altera, transformando-o de um estado passivo em outro, ativo. O meu pensar sobre coisas que estão fora de mim em nada as alteram, enquanto que o pensar sobre afetos, que os situa em outras relações e outras instâncias, altera muito minha vida psíquica. Simplificando, nossos afetos atuam em um complicado sistema com nossos conceitos e quem não sabe que os ciúmes de uma pessoa relacionada com os conceitos maometanos da fidelidade da mulher são diferentes dos de outra pessoa relacionada com um sistema de conceitos opostos, não compreende que esse sentimento é histórico, que de fato se altera em meios ideológicos e psicológicos distintos, apesar de que nele fica indubitavelmente certo radical biológico, em virtude do qual surge essa emoção.

Portanto, as emoções complexas só aparecem historicamente e são a combinação de relações que surgem em conseqüência da vida histórica, combinação que surge no transcurso do processo evolutivo das emoções. (Vigotski, 1990:86-7) Pode-se, a partir desta idéia, compreender o que ocorre nas modificações patológicas. "Quando se manifesta um processo psicológico alterado (especialmente se não há retardo mental acentuado) o que ocorre é antes de tudo a desintegração dos sistemas complexos conseguidos como resultado da vida coletiva, a desintegração daqueles sistemas de mais recente formação. As idéias e os sentimentos permanecem invariáveis, porém perdem as funções que desempenhavam no sistema complexo." (Vigotski, 1990:86)

Em outra conferência sobre o desenvolvimento das emoções, Vigotski mostra as transformações que acontecem na vida afetiva nos casos de patologia. Para ele, "as emoções fundamentais se conservam, porém, o lugar normal dessas emoções na vida psíquica do homem mudou. Mesmo sendo capaz de reagir emotivamente, o homem manifesta um quadro de perturbações da consciência, pois que as emoções perderam em sua vida espiritual o lugar estrutural que antes ocupavam. Conseqüentemente, nesse doente surge um sistema de todo original, de relação entre emoção e pensamento (estado do pensamento autista por exemplo)"[17] O que fica alterado são as conexões existentes entre a vida intelectual e afetiva. O pensamento autista está subordinado à lógica do sentimento.

Por outro lado, o nosso pensamento não está livre de momentos emotivos.

Nosso pensamento realista suscita freqüentemente emoções mais significativas, mais intensas do pensamento autista. A diferença entre o pensamento realista e o autista é que, embora em ambos se tenha uma certa síntese entre processo intelectual e emotivo, no caso do pensamento realista o processo emotivo tem um papel mais dirigido do que dirigente, mais subordinado que principal. No pensamento autista é o contrário.[18]

Na conferência' 'A imaginação e seu desenvolvimento", Vigotski aprofunda o estudo das relações da emoção com o pensamento autista e o pensamento realista. Considera que mediante uma série de observações a função do pensamento autista foi estudada tanto na psicologia infantil como na clínica. Observa que nestes estudos "domina a idéia de que o pensamento realista se diferencia do fantástico, principalmente e em primeiro lugar porque no pensamento realista o papel da emoção é insignificante, ele se move independentemente do desejo subjetivo, enquanto o pensamento autista se move sob influxo de um afeto".[19]*

Para Vigotski, neste aspecto, estes estudos estavam corretos.

Acontece assim e não se pode negar que a imagem imaginada, construída fantasticamente pelo curso autista do pensamento, seja um momento importante no desenvolvimento de um processo emotivo. É natural que surjam aquelas relações originais entre processos emotivos e pensamento da criança nas quais o pensamento se coloca a serviço dos impulsos emotivos. Isso acontece quando a realidade se diferencia muito claramente, para um lado ou para outro, pelas suas possibilidades ou pelas exigências ou quando, por uma série de condições, em primeiro lugar por força da educação, a criança tem uma atitude falsa, deformada nos confrontos desta realidade. Então encontramos na criança aquilo que em outras formas se manifesta em todo adulto evoluído e na criança que se desenvolve normalmente sob o aspecto social, isto é, uma forma particular de atividade do pensamento, cuja essência é esta atividade estar subordinada a interesses emotivos. Ela se realiza efetivamente antes de tudo em virtude do prazer imediato que se tira desta atividade, graças ao fato que junto a ela se suscita uma série de emoções prazerosas. Enfim, graças ao fato que interesses e impulsos recebem assim uma aparente satisfação fictícia e que substitui a satisfação real destes processos emotivos.[22]

---

* As citações de números 19 a 27 são retiradas da Conferência "A imaginação e seu desenvolvimento", publicada no livro *Lezioni di psicologia*. Tradução de Denise de Camargo, não publicada.

"Assim o pensamento neste sistema cíclico torna-se quase um servo das paixões, coloca-se quase numa relação subordinada dos impulsos e interesses emotivos."[21] Nestes casos ocorre uma atividade psicológica caracterizada pela relação particular estabelecida entre as emoções e o pensamento, criando o que chamamos de forma fantástica de imaginação. "A atividade da imaginação está estreitamente ligada ao movimento dos sentimentos. Ela é uma atividade muito rica de momentos emotivos."[22]

Mas, por outro lado, Vigotski chama atenção para a necessidade de se considerar outros aspectos da imaginação. Ressalva que "(...) a combinação com elementos emotivos não é ou não constitui a base exclusiva da imaginação e ela não se exaure nesta forma".[23]

Observa que o pensamento quando está ligado a uma tarefa importante desperta uma série de emoções de características muito mais significativas e autênticas do que fazem a imaginação e a fantasia. No caso do pensamento realista voltado para a solução de tarefas de vital importância para o sujeito o elemento essencial passa a ser o modo diferente de conexão entre esses processos e aqueles do pensamento.

> Enquanto na imaginação fantástica a peculiaridade é que o pensamento se apresenta na forma que está a serviço dos interesses emotivos, no caso do pensamento realista não temos um domínio específico da lógica do sentimento. Neste pensamento tem-se relações complexas entre as distintas funções.[24]

Quando analisamos a imaginação que está voltada para a invenção e a influência sobre a realidade, observamos que a atividade da imaginação não está subordinada aos caprichos subjetivos da lógica emotiva.

> O pesquisador que constrói na imaginação um desenho ou um plano do que deve fazer não se compara ao homem que se move no seu pensamento, segundo a lógica subjetiva das emoções; nos dois casos encontramos sistemas diferentes e tipos diferentes de atividades complexas."[25]

Para uma melhor compreensão do que Vigotski chama de atividade complexa torna-se indispensável o conceito de sistema psicológico. A característica básica dos sistemas psicológicos são as conexões e as relações interfuncionais que predominam no seu interior. E a imaginação como atividade psíquica tão complexa só pode ser compreendida através das relações que estabelece com as funções psíquicas.

Como conclusão da conferência sobre a imaginação, Vigotski faz algumas deduções que servem mais para ampliar a reflexão do que para finalizar a discussão. Ele diz:

> Parece-me que se deva antes de tudo verificar se existe efetivamente um antagonismo tão inconciliável, uma tal contradição entre o pensamento realista finalizado e o pensamento autista fantástico. Se nos

Contribuição de Vigotski para o estudo das emoções 131

referimos ao caráter verbal do pensamento vemos que ele pode ser igualmente próprio da imaginação e do pensamento realista. Se pegamos os motivos ou objetivos vemos que tanto o pensamento autista quanto o realista podem ser processos orientados; poder-se-ia demonstrar o contrário, isto é, que no processo do pensamento realista o homem freqüentemente não está completamente consciente dos seus verdadeiros motivos, objetivos e tarefas. Se pegamos o sentido destes processos — a imaginação e o pensamento — como os momentos afetivos, vemos que, seja a imaginação, seja o pensamento realista, podem ser momentos de altíssima emotividade e entre eles não existe contraposição. E, ao contrário, nos damos conta que existem esferas da imaginação que por si só não estão de modo algum subordinadas à lógica das emoções, à lógica dos sentimentos. Em outras palavras, vemos que todas as contraposições iniciais aparentes, metafísicas, que se estabelecem entre o pensamento realista e o pensamento autista são na realidade fictícias, falsas. Um estudo mais profundo conduz à conclusão que na realidade nos encontramos frente a uma contradição de valor não absoluto, mas somente relativo.[26]

Essencial para a imaginação é a orientação de consciência que consiste em um distanciamento da realidade. A penetração mais profunda na realidade exige uma atitude mais livre da consciência para com os elementos desta realidade que é dada imediatamente na percepção primária, a possibilidade de processos mais complexos, mediante os quais o conhecimento da realidade torna-se mais complexo e mais rico.

Vigotski termina a conferência dizendo:

> Gostaria enfim de dizer que o sentido intrínseco existente entre a imaginação e o pensamento realista se completa com um novo problema, estreitamente ligado àquele do arbítrio ou da liberdade na atividade humana, na atividade da consciência humana. As possibilidades de livre ação que surgem na consciência humana estão estreitamente ligadas à imaginação, isto é, aquele original comportamento da consciência em confronto com a realidade que se torna possível graças à atividade da imaginação.[27]

Bibliografia

VIGOTSKI, L. S. (1972). *Psicologia del arte*. Barcelona, Barrai Editores.
_____ (1987). *Pensamento e linguagem*. São Paulo, Livraria Martins Fontes Editora.
_____ *Lezioni di psicologia*. Roma, Editori Riuniti. (no prelo).
_____ (1990). *Obras escogidas*. Vol. I. Madrid, Ministerio Educación y Ciencia.

PARTE III

PESQUISANDO A EMOÇÃO

UMA APROXIMAÇÃO METODOLÓGICA AO ESTUDO DAS EMOÇÕES

SILVIA FRIEDMAN

Para explicitar o procedimento que nos permitiu estudar as emoções apresentamos, inicialmente, o campo teórico que o subsidia e, a seguir, através da descrição de duas pesquisas, nas quais o objeto central de estudo foi a manifestação da gagueira, mostraremos como chegamos ao estudo das emoções.

Entender a estreita relação entre o desenvolvimento da consciência e da linguagem em face da ideologia presente nas significações institucionalizadas das palavras e mediada no processo de relações sociais práticas e de comunicação é, no nosso entender, o contexto fundamental para conhecer determinado indivíduo, entender concretamente seu comportamento e dentro dele a manifestação emocional. É também o contexto fundamental para compreender o conceito e a teoria das representações sociais, de onde emerge o procedimento utilizado na investigação que nos aproximou do estudo das emoções.

No processo de desenvolvimento da consciência, a linguagem desempenha um papel fundamental. Entendida como um complexo sistema de códigos formado no curso da história social da humanidade, ela reproduz os conhecimentos e os valores associados às práticas sociais que se cristalizaram, através dos significados das palavras articuladas em frases, reproduzindo uma visão de mundo.

O desenvolvimento da linguagem é a expressão da capacidade humana de superação dos limites da experiência sensorial, mediante o desenvolvimento de um sistema de códigos. Este sistema designa objetos externos, estabelece relações entre eles incluindo-os em categorias, permite a individualização das características dos fenômenos, a formulação de generalizações e sínteses. Expressa assim a formação do pensamento abstrato, o salto do sensorial ao racional, ao mesmo tempo em que determina seu próprio processo de expansão, de tal forma que o processo de desenvolvimento da linguagem é, simultaneamente, o processo de desenvolvimento da consciência.

136 Silvia Friedman

Luria (1986) apontou que a célula ou o elemento fundamental da linguagem é a palavra, que duplica e retém a realidade externa, criando um mundo de imagens interiores. Ela designa, individualiza e reúne coisas, características, ações, relações, codificando a experiência e permitindo sua transmissão.

Mostrou ainda que a palavra não possui apenas um significado "referencial" ou denotativo que designa diretamente o objeto evocado, mas que ao lado dele sempre se abre uma ampla esfera, denominada significado "associativo", que se constitui na aparição de uma rede de imagens por ela evocada e de palavras conotativamente a ela ligadas, introduzindo o conceito de "campo semântico" evocado por cada palavra. A partir deste, tanto o processo de produção quanto o processo de percepção das palavras que compõem o discurso devem ser entendidos como um complexo processo de *escolha* do significado imediato da palavra dentro do campo semântico por ela evocado.

Assim, de acordo com as descobertas de Lev S. Vigotski (1979), ambos os componentes das palavras acima apontados não permanecem imutáveis ao longo do processo de desenvolvimento do indivíduo. O significado das palavras, que no início da vida da criança possui um caráter afetivo, desenvolve-se, mudando sua estrutura. Esta estrutura, na vida adulta, possui enlaces e relações abstratas que as introduzem num sistema de categorias e conceitos hierarquicamente organizados, mudando, nestas condições, os processos psíquicos que lhe são subjacentes.

Devemos originalmente a Vigotski a compreensão de que o desenvolvimento da palavra e da consciência estão interligados, cabendo a consideração de que o desenvolvimento da consciência não termina num determinado momento da existência do indivíduo, como por exemplo o da sua chegada à vida adulta, sendo sempre possível novas mudanças em torno dos significados das palavras que conduzam a mudanças nos processos psicológicos subjacentes, levando a mudanças no comportamento dos sujeitos.

Um desdobramento das reflexões acima, apontado por Leontiev (1975), deve ainda ser introduzido, por sua importância para a compreensão dos aspectos fundamentais relativos à relação entre linguagem e consciência. O desdobramento refere-se à distinção entre significado social e sentido pessoal das palavras, e sua articulação com a ideologia, entendida como conjunto de significados que servem para manter as relações de dominação numa dada sociedade.

Os significados sociais referem-se ao sistema estável de relações ou enlaces que compõem o significado, produto objetivo da história de um grupo, comum a todas as pessoas que a ele pertencem. Através da apropriação desse sistema, que equivale à aquisição da língua oficial de uma sociedade, "o indivíduo insere-se na história dessa sociedade e reproduz em poucos anos o processo pelo qual a humanidade se produziu, tornando-se seu produto e ao mesmo tempo reprodutor e/ou produtor da história de seu grupo social" (Lane, 1984a).

Esse processo, que é também o de desenvolvimento da consciência ou apropriação da realidade, é, portanto, sempre um processo de apropriação de uma interpretação da realidade construída ao longo da história de uma dada sociedade e constituída pelo conjunto das idéias dominantes empregadas para explicá-la e mantê-la, idéias essas que são compartilhadas pelos indivíduos em suas relações práticas e de comunicação. Neste sentido, o desenvolvimento da consciência sofre sempre a determinação da ideologia que permeia o grupo social que lhe serve de contexto, do qual a linguagem, como produto histórico da sociedade, é seu representante mais legítimo.

Os sentidos pessoais referem-se a enlaces ou relações atribuídas às palavras no confronto entre as significações sociais vigentes e a vivência pessoal. Estão dessa forma ligados a momentos e situações dadas, a motivos e afetos, às atividades e experiências particulares vividas pelos sujeitos, que processam e transformam os significados e são capazes de articular uma consciência e um comportamento com maior ou menor grau de crítica em relação à interpretação ideológica da realidade.

Neste sentido, no processo de apropriação da realidade, que é ao mesmo tempo apropriação de uma imagem de si como alguém que é parte desta realidade, o indivíduo pode desenvolver, de acordo com Lane (1984b), maior ou menor consciência de si, dependendo de se os sentidos pessoais refletem um conhecimento concreto do mundo, ou uma visão fragmentada da realidade. Esse conhecimento concreto do mundo é o conhecimento das determinações ideológicas que pesam sobre a interpretação oficial da realidade e, dentro dela, sobre a imagem oficial de homem, em confronto com as quais ele forma as suas imagens. A possibilidade de conhecer, por meio da investigação, as características da consciência de si e de transformá-las, em certa medida, é fundamental para a compreensão dos conhecimentos específicos que aqui delinearemos.

Ao transmitir a experiência de gerações tal como foi incorporada à linguagem através do viés ideológico de determinado grupo (entendendo-se que este processo se transforma significativamente ao longo do tempo, porque as relações entre os homens vão transformando a realidade e, junto com ela, as ideologias ou interpretações oficiais que a explicam, bem como a estrutura de linguagem que as expressa), a palavra torna-se reguladora do comportamento do indivíduo. No início do desenvolvimento, a palavra do adulto é reguladora da conduta da criança; a criança subordina-se às ordens verbais do adulto. Progressivamente, ao apropriar-se do sistema de análise e síntese da realidade, determinante dos conteúdos e do movimento da sua consciência, o indivíduo torna-se regulador de seu próprio comportamento.

Partindo da definição de Lane (1992), "os conteúdos da consciência, constituídos pela linguagem e pelo pensamento, são (...) as representações que o indivíduo tem de si mesmo, do mundo ao seu redor, de suas atividades, das outras pessoas, do passado e do futuro"; esses conteúdos se manifestam mediante as representações que o indivíduo faz de seu mundo, o que significa que as representações sociais são os dados empíricos, considerados como ponto de partida para a análise da consciência, a partir dos quais podemos ter um conhecimento concreto dos seus conteúdos e movimento.

Consideramos assim as representações como manifestações objetivas da subjetividade compreendida dentro da consciência, passíveis de serem expressas (entre outras formas) no discurso dos falantes. Isto significa que todas as verbalizações são representações passíveis de serem captadas pelas palavras articuladas em frases no discurso elaborado por sujeitos, quando expressam sua opinião a respeito de determinado assunto, contam a história de sua vida ou discorrem sobre determinado tema.

Seguindo a análise de Lane (1992), as representações são entendidas como processo cognitivo que implica imagens (reflexos) dos significantes sociais, com seus conteúdos ideológicos, as experiências vividas, etc. São entendidas como conteúdos concretos do ato do pensamento, estando, por isso mesmo, ligadas às ações dos indivíduos, compondo suas práticas e direcionando-as.

Conforme nos mostra Jodelet (1989), as representações podem ser chamadas sociais porque se formam num processo de troca e interação entre os indivíduos, sendo formas de conhecimento por eles compartilhadas, que definem e criam a realidade ao mesmo tempo em que possibilitam a comunicação e a ação compatíveis com os conceitos e imagens compartilhados.

Desse modo, o conceito de representação social remete-nos à intersecção entre linguagem e consciência, sendo entendido, no âmbito do social, como objetivação dos significados sociais, históricos, nos comportamentos dos indivíduos que compõem a sociedade e nas ações das instituições sociais, e, no âmbito do individual, como síntese entre os significados sociais e sentidos pessoais objetivados na consciência e nas atividades dos indivíduos ou grupos sociais.

Segundo nos mostra Spink (1989), a teoria das representações sociais centraliza uma rica discussão no campo das ciências sociais, seja como possibilidade teórica, seja como possibilidade de resposta a problemas da psicologia social, por situar-se na interface entre os fenômenos sociais e pessoais. A teoria constitui-se numa forma privilegiada de pensar a relação entre a objetividade e a subjetividade na evolução das sociedades, num meio pelo qual a subjetividade pode ser pensada nas ciências sociais, de forma a estabelecer uma ponte entre o mundo individual e social, compatibilizando-se com uma visão de sociedade em mudança, razão pela qual elas têm sido significativamente utilizadas, a partir da década de 70, como meio de investigação, pelas diversas disciplinas que compõem o espectro das ciências sociais. Mostra ainda que a noção de representação social está "situada na encruzilhada de múlti-

Uma aproximação metodológica ao estudo das emoções   *139*

plas disciplinas", prenunciando "uma *postura moderna* de ciência francamente interdisciplinar". (Spink, 1991)

Duas óticas, segundo Jodelet (1986), devem distinguir-se para o estudo das representações sociais. Uma estuda a produção coletiva ou grupai de representações, centrada em campos específicos e já estruturados de representação, ou seja, centrada no acervo cultural do grupo e da espécie abordados apenas como conteúdos. Esses campos, chamados *campos estruturados,* que por isso mesmo remetem ao ideológico, têm por substrato os esquemas de organização e dinâmica sociais ou os esquemas de interpretação logicamente articulados que asseguram a unidade simbólica da totalidade social.

Outra ótica, centrada na perspectiva de grupos sociais, estuda os discursos, seus conteúdos ideacionais ou conteúdo das representações, entendidos como *núcleos estruturantes* das diversas visões de mundo, colocados em ação, por meio do discurso, nas relações de comunicação. Aborda assim as representações como processos e estuda os elementos preexistentes na cultura que interferem na formação das representações.

As duas óticas das representações sociais — como pensamento socialmente construído, entendido como o campo estruturado, e como pensamento constituinte, entendido como o núcleo estruturante — podem ser vistas como complementares, principalmente se assumimos a visão de que o homem se constrói nas relações sociais que vivência, a partir das atividades práticas e da comunicação que as compõem, recebendo a influência de seu grupo e influenciando-o por sua vez. Segundo essa visão, a linguagem é um produto histórico social que, como tal, se transforma junto com as mudanças sociais, e juntamente com a atividade humana em geral é essencial para a formação da consciência do indivíduo, caracterizando a estreita relação entre o desenvolvimento da linguagem e da consciência.

Conforme nos mostra Spink (1989), o acervo de pesquisas acumulado nos quase trinta anos decorridos desde a introdução do conceito, somado ao esforço de autores ligados a Moscovici, entre os quais se destaca Denise Jodelet, permitiu sistematizar alguns elementos desta abordagem.

Estes elementos referem-se ao processo de elaboração e estruturação das representações e vêm somar-se às nossas considerações sobre o desenvolvimento da linguagem e da consciência, conduzindo-nos à compreensão da estreita relação entre aquisição da linguagem, desenvolvimento da consciência e o papel das representações sociais, para uma compreensão não reificada do comportamento humano.

Neste sentido, são palavras de Spink (1989), que "toda representação define-se antes de mais nada por seu conteúdo, seja este informações, comportamentos, opiniões ou imagens. Este conteúdo é sempre a representação de algo por alguém, ou seja, a representação de um sujeito que se situa em relação a outros sujeitos a respeito de um objeto. Os

140 Silvia Friedman

elementos deste conteúdo são *conceitos* e *imagens"*, em relação aos quais as investigações de Jodelet (1986) evidenciaram a predominância do aspecto figurativo, o que revela a dupla face das representações como figura e símbolo. Revela também o caráter autônomo e criativo das representações, expressão da atividade cognitiva de abstração ou simbolização e, ainda, o seu caráter social, expresso na presença de elementos ideológicos do grupo social a que pertencem os sujeitos.

Com relação ao processo de elaboração e estruturação das representações, Jodelet (1986), a partir de Moscovici, expõe dois processos: o de ancoragem e o de objetivação.

A ancoragem "refere-se à *integração cognitiva* do representado dentro do sistema de pensamento preexistente e as transformações derivadas deste sistema, tanto de uma parte como de outra" (Jodelet, 1986). O processo emerge assim da nossa necessidade de transformar o estranho em algo familiar. As novas representações se constróem a partir das representações já existentes na consciência, de tal forma que ocorre uma inserção orgânica do novo no pensamento já constituído, ou seja, a percepção do estranho ganha sentido ao ancorar no que já é familiar à consciência.

O processo de ancoragem abrange a forma de atribuição de sentido ao novo objeto da representação, onde se destacam a imposição de valores do grupo social e a necessidade de decodificação dos modelos veiculados pela sociedade. Abrange a forma sob a qual as representações expressam as relações sociais, assim como a forma sob a qual as relações sociais influenciam a constituição das representações, o que nos remete à sua função mediadora, na medida em que provê o indivíduo de um sistema de interpretações comum ao grupo, tornando-se nesse sentido um instrumento de referência que permite a comunicação compartilhada e influencia a ação. Abrange ainda o processo de integração do novo no processo de pensamento já constituído, ou o enraizamento da novidade em outras representações que funcionam como protótipos para a integração.

Com relação ao último aspecto, a representação do novo sofre sempre a determinação dos elementos prévios e da lógica constitutiva de uma dada consciência. Isso implica também que, quando o novo se constitui em informação muito estranha aos elementos constitutivos da consciência, ainda que o sujeito apreenda palavras isoladas, na medida em que estas são expressões do idioma que domina, ou apreenda comportamentos isolados como expressão do comportamento humano, a síntese entre o estranho e o familiar para tornar a nova informação inteligível, realizada no processo de ancoragem, pode produzir uma deformação parcial ou total do material representado, de tal forma que o produto final pouco ou nada tem a ver com a informação original.

A objetivação refere-se à constituição formal do conhecimento, "à propriedade de tornar concreto o abstrato, de materializar a palavra. Desta forma, a objetivação pode definir-se como uma operação forma-

Uma aproximação metodológica ao estudo das emoções   *141*

dora de imagens e estruturante". "Ao transformar em imagens noções abstratas, dá textura material às idéias, faz com que as coisas correspondam às palavras, dá corpo a esquemas conceituais". (Jodelet, 1986) A objetivação refere-se assim ao processo por meio do qual as noções abstratas são transformadas em imagens e assumidas pelos sujeitos como expressão verdadeira da realidade externa. Corresponde à forma que o conhecimento assume sob a ação conjugada da elaboração cognitiva e social, em que o cognitivo transforma o abstrato em uma imagem, e o social determina a seleção de certos elementos do objeto de conhecimento e sua inserção em um sistema organizado.

Sendo assim, ao obter representações articuladas em determinado discurso, podemos fazer análises que nos permitam compreender a consciência individual e chegar à compreensão dos processos subjacentes à produção de determinados fenômenos, ou dos fatos empíricos, que foram o ponto de partida para a análise.

Como exemplo significativo disso, tendo como ponto de partida a manifestação da gagueira na fala de certos indivíduos, concluímos, em 1985, um estudo de sua gênese. Para isso, estudamos a relação entre o movimento da consciência e a manifestação da gagueira, como caminho para evoluir na compreensão desta manifestação, uma vez que os estudos conhecidos sobre a matéria nunca comprovaram disfunção orgânica passível de explicá-lo. Analisamos o discurso de sete sujeitos que contaram a história de suas vidas com destaque para a história de suas falas, entendendo que esse contexto era suficientemente amplo pra captar tanto o campo estruturado no qual o desenvolvimento da fala estava inscrito quanto o campo estruturante que pudesse estar articulado à origem, desenvolvimento e manutenção da gagueira. Encontramos os componentes que concorrem para a objetivação da imagem de falante de sujeitos que se consideram gagos.

A Análise Gráfica do Discurso, procedimento que empregamos para obter os dados e que descreveremos adiante, evidenciou que quatro conjuntos diferentes de representações, chamados de núcleos de pensamento ou categorias, eram constantes em todos os discursos, articulando a história da fala dos sujeitos. O conteúdo desses conjuntos de representações que compunham cada categoria levou-nos a designá-los por Auto-Imagem; Outros; Nível Motor e Ativação Emocional.

Mediante as ligações entre as representações encontradas, ficou evidente que a emoção era ativada por situações de comunicação das quais o sujeito não podia sair (esperava-se que ele falasse) e nas quais, também, não podia permanecer satisfatoriamente (esperava-se que ele falasse de uma maneira diferente daquela que lhe era natural e espontânea). Este tipo de situação é conhecida como paradoxal. Compreendemos que a vivência sistemática de momentos de fala em contextos paradoxais gera uma imagem negativa de falante, pois, ao mesmo tempo que leva o indivíduo a afastar-se da espontaneidade característica do falar, também o leva a tentar planejar o que deveria ser comportamento espontâneo. Isto, por sua vez, também é um paradoxo. A fala torna-se, assim, tensa, truncada, gaguejante. Neste contexto, pudemos entender que a ativação de emoções negativas ligadas ao ato de falar, a partir das relações sociais vividas, está intimamente ligada à formação de uma imagem negativa de falante que, por sua vez, está na base da produção de uma fala com gagueira.

Partindo do conhecimento do sistema de representações assumido como característico da produção de fala com gagueira, entendemos que o processo terapêutico para este tipo de manifestação implicava uma mudança ou reestruturação desse sistema de representações. Em vista disso, trabalhamos o processo terapêutico como desenvolvimento da consciência de "bom falante" e desenvolvemos um estudo que nos permitisse explicitar as características dessa mudança, mostrando as novas representações que a constituem.

Analisamos, mediante o mesmo procedimento acima mencionado, o discurso de um indivíduo em sete situações terapêuticas, ao longo das quais ele foi superando a fala com gagueira. Completamos este estudo com a análise de mais duas situações terapêuticas, cada uma com um indivíduo que também superou a gagueira. Este estudo evidenciou cinco núcleos de pensamento ou categorias que foram chamados, em função dos conteúdos que os compõem, de Identidade, Afetividade, Cognição, Nível Motor e Social. Esses conteúdos, ou representações, mostraram que a superação da gagueira se articula em torno do desenvolvimento de emoções positivas em relação à imagem de falante. A ligação entre as representações encontradas mostrou-nos que a afetividade desempenha um papel central na superação da gagueira. O mero conhecimento da situação paradoxal que a gera não é suficiente para superá-la, mas sim a vivência sistemática de situações positivas de fala associadas à compreensão do paradoxo que se encerra na tentativa de planejar o espontâneo. Estas vivências permitiram o desenvolvimento da percepção de si como bom falante que culminou com a aceitação da gagueira, a partir do que os indivíduos estudados deixaram de se tencionar para falar e recuperaram sua capacidade de falar espontaneamente, passando a produzir um padrão de fala fluente.

O estudo das representações, que como dissemos nos situa na interface entre os fenômenos sociais e individuais, evidenciou a dialética entre a subjetividade e a objetividade do modo de produção de si como falantes dos sujeitos por nós estudados, permitindo-nos captar um processo de mudança nessa dialética. Este estudo permitiu ainda que compreendêssemos especificidades da mediação emocional e da afetividade, para a produção de si como falante, destacando a importância destas para a construção da consciência do indivíduo.

Cumpre agora detalhar o procedimento que deu acesso ao estudo do movimento da consciência, pelo qual pudemos nos aproximar do estudo das emoções.

Uma aproximação metodológica ao estudo das emoções 143

Seguindo as palavras de Lane, um discurso suficientemente longo e detalhado nos permite analisar tanto as representações como as mudanças que elas sofrem ao longo do discurso, as contradições, os aspectos ideológicos, as relações estabelecidas com os domínios da realidade, revelando o movimento da consciência do indivíduo. Nestas condições, a técnica de análise deve permitir detectar os pensamentos que estão na base da articulação do discurso, sem fragmentar essa articulação, uma vez que através dela os pensamentos se tornam explícitos expondo a sua lógica, de forma que o pesquisador possa permanecer fiel ao movimento da consciência que deseja conhecer. Acreditamos que a Análise Gráfica do Discurso, criada por Lane em 1984 e utilizada inicialmente por nós duas no referido estudo sobre a gênese da gagueira, atende a esses requisitos.

Partindo do discurso transcrito, o procedimento compreende, inicialmente, a numeração das unidades de significado ou conteúdos que compõem o discurso, que geralmente correspondem a um sujeito e seu predicado, acompanhando tão-somente a sua seqüência, para garantir a preservação da articulação original entre as idéias, em face do trabalho gráfico de análise que se seguirá. Tomemos um trecho de discurso por nós analisado, para demonstrar este estágio do trabalho:

1 — *É interessante, quando eu sinto essa disposição assim,*
2 — *para ter contato com os outros,*
3 — *pode pintar medo de falar,*
4 — *pode pintar vergonha de falar,*
5 — *pode pintar...*
6 — *não me importa, fica secundário mesmo sabe? (...)*
7 — *Porque fica essa coisa de quero falar,*
8 — *é gostoso, é bom,*
9 — *quero conversar.*
10 — *Então sabe? mesmo se pintar: eu não vou conseguir...;*
11 — *mas pinta mais a coisa de eu vou gaguejar,*
12 — *tudo bem né?*
13 — *Assim... a coisa né?, eu gaguejo*
14 — *mas eu falo.*
15 — *Fica uma coisa muito mais importante a fala né?,*
16 — *eu estar podendo falar.*

A seguir, são feitas releituras cuidadosas do material estudado, para localizar e marcar os significados que se repetem, sendo que estas repetições compreendem o emprego da mesma palavra, de palavras sinônimas e encadeamentos de palavras que reproduzem os mesmos significados. As unidades de significado ou representações que se repetem formam os núcleos de pensamento que expressam os conteúdos da consciência do indivíduo. A utilização inicial de cores para marcar os conteúdos semelhantes pode ajudar a chegar à percepção dos núcleos de pensamento que compõem o discurso estudado.

Para tornar mais claras as representações que compõem os núcleos de pensamento, bem como o movimento de articulação entre os núcleos, reescrevemos o discurso aproximando graficamente as representações que compõem um mesmo núcleo, preservando, através de setas numeradas a seqüência original do discurso. Mantemos assim as articulações entre as unidades de significado que compõem os núcleos e, por meio delas, as articulações entre os núcleos, que nos revelam o movimento da consciência. Mostramos, no Diagrama 1, o trecho do discurso acima transcrito, nesta forma gráfica, para evidenciar o emergir dos núcleos. Nele, vemos emergir um núcleo formado pelas unidades FALAR; CONVERSAR; GAGUEJAR; que irá compor o nível motor. Um núcleo formado pelas unidades SINTO DISPOSIÇÃO; É INTERESSANTE; MEDO; VERGONHA; NÃO ME IMPORTA; FICA SECUNDÁRIO; FICA MUITO MAIS IMPORTANTE; QUERO; É GOSTOSO; BOM; NÃO VOU CONSEGUIR; que irá compor a afetividade. Um núcleo formado pelas unidades EU; ME; que irá compor a identidade. Além disso, insinua-se um núcleo formado pela unidade OUTROS; que irá compor o social.

Detectados os núcleos e evidenciadas as articulações entre eles, pode-se ainda perceber que certos núcleos compõem um mesmo conjunto temático. Os conjuntos de núcleos de pensamento pertencentes a um mesmo núcleo temático são considerados como categorias que representam a realidade estudada. As articulações entre as representações, que evidenciam as articulações entre os núcleos, explicitam também as articulações entre as categorias. A partir delas, analisamos nas nossas pesquisas os conteúdos da consciência e seu movimento, chegando à compreensão dos processos subjacentes à produção do fenômeno investigado, bem como às mudanças na representação de falante a partir de um processo terapêutico.

Uma aproximação metodológica ao estudo das emoções

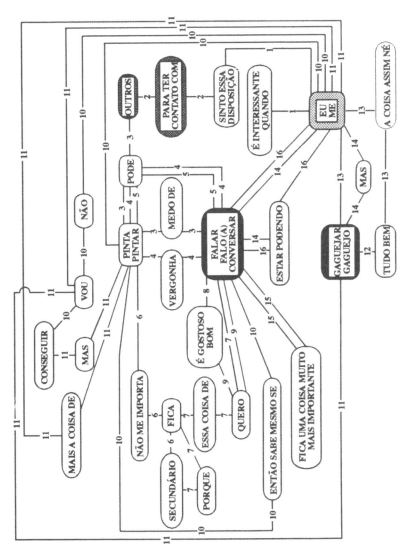

Bibliografia

FRIEDMAN, S. (1986). *Gagueira: origem e tratamento*. São Paulo, Summus.

JOHNSON, W. & Associates (1959). *The onset of stuttering*. Minneapolis, University of Minesota Press.

JODELET, D. (1986). "La representación social: fenómeno, concepto y teoria". In: MOSCOVICI, S. *Pensamiento y vida social, psicologia social y problemas sociales*. Barcelona/Buenos Aires/México, Paidós.

JODELET, D. (1989). "Representations sociales — un domain en expansion". In: _____ (org.). *Les representations sociales*. Paris, PUF.

LANE, S. T. M. (1984a). "Linguagem, pensamento e representações sociais". In: LANE, S. T. M. e CODO, W. (orgs.). *Psicologia social — o homem em movimento*. São Paulo, Brasiliense.

LANE, S. T. M. (1984b). "A ideologia no nível do individual". In: LANE, S. T. M. e CODO, W. (orgs.). *Psicologia social — o homem em movimento*. São Paulo, Brasiliense.

LANE, S. T. M. (1989). "Uma análise gráfica do discurso". In: *Psicologia e Sociedade,* Ano IV, 7.

LANE, S. T. M. (1992). *A linguagem e as representações sociais*. (Mimeo).

LEONTIEV, A. (1975). *O desenvolvimento do psiquismo*. Lisboa, Livros Horizonte.

LURIA, A. R. (1986). *Pensamento e linguagem — as últimas conferências de Luria*. Porto Alegre, Artes Médicas.

SHEEHAN, J. G. (1975). "Conflict theory and avoidance reduction therapy". In: EISENSON, J. (ed.). *Stuttering: a second symposium,* New York, Harper and Row Publishers.

SPINK, M. J. P. (1989). "As representações sociais e sua aplicação em pesquisa na área da saúde". *Anais do II Congresso Brasileiro de Saúde Corretiva e III Congresso de Saúde Pública*. São Paulo, julho.

SPINK, M. J. P. (1991). "Representações sociais: uma perspectiva interdisciplinar". *Anais do IV Encontro de Psicologia Social,* ABRAPSO.

VIGOTSKI, L. S. (1979). *Pensamento e linguagem*. Lisboa, Edições Antídoto.

WATZLAWICK, P. (1986). *El lenguage del cambio*. Biblioteca de Psicologia, Barcelona, Herder.

AS EMOÇÕES NO INTERJOGO GRUPAL*

MÓNICA HAYDÉE GALANO

Aos nos aproximarmos de uma organização grupai, percebemos que a sua operatividade está impregnada de toda uma produção afetivo-emocional que dirige, formal e informalmente, o clima das relações entre os membros, assim como também entre os membros e a tarefa a ser cumprida.

A partir da experiência de participação e de coordenação de grupos de trabalho desenvolvemos um modelo de análise, o qual denominamos *Sistema Categorial,* onde por meio das categorias — Ideologia, Poder, Afeto, Emoção e Mito — tentamos focalizar as produções organizativas que legislam as ações, os discursos e as relações de um grupo.

Entretanto, neste trabalho, deter-nos-emos especificamente nas produções vinculativas, e nelas incluímos os afetos e as emoções. São elas que estabelecem e reforçam os núcleos de significados das ações, das crenças e das relações pontuando no interjogo grupai uniões, antagonismos, lealdades, desconfianças.

A organização dos vínculos grupais produz e é produzida por um sistema em que se entrelaçam as idéias, os mitos e os jogos de poder. Um sistema lógico que permite articular as produções organizativas, que dão "corpo" à ação, e as produções vinculativas, que dão "vida" às relações, pondo em marcha as potencialidades construtivas e destrutivas de um grupo. Elas legislam ordenando espaços e atribuições, criando alianças e oposições, facilidades e obstáculos.

Desde uma Perspectiva Complexa...

Edgar Morin (1990) nos convida a pensar na natureza e na realidade social como processos altamente complexos. Mas a complexidade não pode ser reduzida à complicação, nem a uma questão de maior número de elementos ou processos a levar em conta, e sim pelas

---

* Uma versão deste trabalho foi apresentada no XXIV Congresso Interamericano de Psicologia em Santiago, Chile, 1993.

148   *Mónica Haydée Galano*

intrincadas, interdependentes e, ao mesmo tempo, autônomas relações que essas variáveis produzem. O homem e os sistemas vivos onde ele se insere mantêm uma relação complementária e, ao mesmo tempo, antagônica entre as possibilidades de ordem e de desordem que produzem os movimentos que levam tanto a mudanças quanto a estabilidades. Complexidade, também, comporta a idéia de "incerteza e do reconhecimento do irredutível". E, ao mesmo tempo, não se abandona totalmente o simples, que será relativizado e integrado numa união entre processos de seleção, hierarquização, separação com outros mais complexos, como comunicação e articulação do que está dissociado. Conhecer o todo é tão importante como conhecer as partes. (Morin, 1985:102-3)

Sob esta visão, até a relação observador/observado sofre uma transformação. Reconhece-se que o que existe é uma determinada *pontuação* do fenômeno observado, uma produção de sentido criada pelo observador. Uma produção objetiva/subjetiva impossível de ser reduzida a um dos componentes. Não há objeto sem sujeito. Ou melhor dizendo, não há objetividade sem uma subjetividade que a cria, que a produz, que a determina. A objetividade não existe em si mesma; eu crio um sistema lógico de axiomas, de postulados, de princípios, e valido a minha observação por eles.

Um fenômeno é observado e, nessa observação, pode ser mais útil, mais rico, mais interessante produzir uma determinada descrição. O conhecimento humano é um conhecimento de um indivíduo produto e produtor *auto (genofeno-ego) eco-reorganizador* (Morin, 1985). Onde a sua autonomia coopera e rivaliza com a sua dependência.

Dependência biológica, cultural, sócio-histórica, em que as possibilidades brincam com os limites. Em que as transformações internas num sistema resultam do acoplamento dos fatores *eco-organizativos* e das capacidades do próprio sistema de lidar com as perturbações externas e as próprias mudanças internas.

Resumindo, quando fazemos referência aos fenômenos dos seres vivos, sejam indivíduos, grupos ou sociedades, nós o fazemos a partir de uma perspectiva que inclui:

1. um princípio de complexidade física, que concebe relações dialógicas de ordem, desordem e organização que transitam entre o um e o múltiplo;

2. um princípio de complexidade organizada, que compreende os fenômenos de retroação, de emergência do novo e de repetição;

3. um princípio de complexidade lógica, que possa compreender os vínculos entre autonomia e dependência.

Grupo/Organização Grupai

Ao nos referirmos ao fenômeno grupai com a palavra *grupo* podemos ter sido apanhados na armadilha da qual queríamos sair. Este con-

As emoções no interjogo grupal 149

ceito parece remeter-nos a imagens simples: "Um conjunto de pessoas que interagem em tempo e espaço, articuladas pelas suas mútuas representações internas, que se propõem, implícita ou explicitamente, uma tarefa", segundo a definição de Pichón Rivière. Onde poderíamos, nesta definição, encontrar a complexidade que propusemos antes? Como encontrar aqui a idéia de uma complexidade organizativa além da articulação da representação interna? E, ao mesmo tempo, como poderíamos abandoná-la totalmente, ao saber quão importante é para os membros a referência a si próprios como pertencentes a um determinado grupo? Eles dizem *"Eu sou do grupo..."* e nessa fala encerram todas as múltiplas, variadas e contraditórias práticas grupais.

A palavra *grupo* encerra e, nesse sentido duplo, contém e fecha um espaço físico, mental, discursivo, no qual pessoas, relações, falas, ações se organizam e adquirem peso, tamanho, forma particulares. Palavra-pele que fecha determinado espaço simbólico-operativo e que inaugura uma relação de osmose com seu contexto. Contém enclausurando, isolando e, ao mesmo tempo, propiciando possibilidades que, sem esta fronteira semântica, não chegariam a ser uma diferença.

Diferença que inaugura o múltiplo no singular, o eixo do comum atravessando o individual. Para poder, então, escapar à trivialização da palavra *grupo,* teremos que entendê-la na articulação com a idéia de uma *organização grupai* em processo. Ou seja, o movimento dos discursos e das ações em relação a seus membros e seus objetivos, conscientes e inconscientes.

Podemos dizer que um grupo tem uma estrutura, quer dizer, um conjunto de normas de ligação, de interdependência, e aquele invariante formal de um sistema (Morin, 1980). Porém isso não é tudo. Não somente porque "o todo", a totalidade, é ao mesmo tempo mais e menos do que as partes tomadas isoladamente, mas porque temos que reconhecer que o todo, na sua concepção estruturante, é insuficiente e incerto no seu isolamento total dos outros sistemas (ou grupos). Existem autonomias regionais, uma certa forma de funcionar independente do ambiente. Porém, temos, ao mesmo tempo, que duvidar da sua independência total.

A complexidade presente no nível organizacional nos leva a entender a presença, dentro do invariante e da ordem, de uma possibilidade de perturbações, de mudanças, de movimentos que puxam e pugnam para a instabilidade, para a antiorganização, porém, por sua vez, a organização dela se alimenta, se potencializa, se sustenta.

Esta luta num grupo estará presente nas relações entre o singular e o grupai, entre o um e o múltiplo, entre o "ser comum" e o "ser individual", entre o "eu" e os "outros", entre a unicidade e a alteralidade. Cada parte se alimentando da outra, como numa criativa antropofagia símbiótica.

O Sistema Categorial

No início deste trabalho, dissemos que ao desenvolver um modelo de análise do fenômeno grupai utilizamos cinco categorias que nos permitem pontuar a organização grupai para torná-la mais legível. É por meio dela que faremos nossa produção de sentido.

Mas essas categorias, por si só, também pareceram remeter a uma dicotomia, a um isolamento ou a se cindir do acontecer grupai colocando o carimbo de "isto é ideologia", "isto é o mito", etc. Na realidade, para nós, estas categorias — Ideologia, Poder, Afeto, Emoção, Mito — somente têm um sentido complexo se estiverem inter-relacionadas. Se algum tipo de utilidade delas podemos extrair é ao fazê-las funcionar em companhia uma das outras. Elas têm a capacidade de produzir a operatividade e a vinculação.

Em outras palavras, elas administram a relação ordem-desordem, legislam a possibilidade de autonomia/dependência do contexto, mobilizam a emergência do novo e da repetição, criam marcos de significado e de discursos possíveis.

Possíveis, virtuais, variados, porém, não infinitos ou infinitamente diferentes. Existem redundâncias, regularidades, repetições. É isto o que permite ao observador imaginar que formam um sistema que organiza crenças e normas, conduzem as relações e as ações. Elas têm a capacidade de produzir a operatividade e a vinculação articulando, ao mesmo tempo, suas características internas com as vicissitudes do contexto.

Se o conceito de grupo nos faz lembrar uma pele é por que ela tem a capacidade tanto de separar quanto de unir. Uma pele que se relaciona e é dependente do contexto socio-histórico, e ao mesmo tempo preserva uma especificidade que diferencia o grupo e o encerra na sua *clausura organizacional,* (Maturana, CEA, 1983), ou seja, as características organizacionais que permitem/impedem o acionar de um sistema. Este conceito mostra a relação entre a dependência e o contexto e, ao mesmo tempo, a sua autonomia. Um sutil malabarismo que se cria a partir de um legislar de dentro. De dentro de certos mitos grupais ou desde certas ideologias que irão — seja por oposição, seja por identificação, ou por ambas — estruturando e legitimando as estratégias grupais armadas para dar vida ao processo grupai.

O que é o processo grupai? É a organização grupai em movimento. Por exemplo, podemos nos perguntar que estratégias grupais derivam das interações afetivo-ideológicas, a que chamamos de *Ideologia do Afeto.* Ou, como se espera que as relações afetivas e as emoções sejam manejadas num grupo? Ou ainda, quais são as fantasias que se tem delas e, caso se realizassem, o que poderia acontecer ao grupo? A isto chamamos de *Mito do Afeto* e *Mito da Emoção.*

Resumindo, interessa-nos estudar como um determinado grupo resolve e processa a sua afetividade, como a vivencia, o que está proibido ou permitido. Quais são as normas, mais ou menos formais, ou mais ou menos inconscientes, que o regem, o submetem e o dirigem.

Outra articulação possível é a que encontramos entre o Poder e o Afeto: o *Poder do Afeto* em que, por meio do eixo amizade-ínimizade, se resolvem lealdades e antagonismos que, por sua vez, demarcam territórios, áreas e poderes de atuação.

Tentaremos, agora, desenvolver estas idéias.

As Vicissitudes do Afeto e da Emoção

Como dissemos antes, estas categorias — o Afeto e a Emoção — nos dão idéias sobre as atuações e atualizações vinculativas que se põem em jogo num grupo. Entretanto, antes de avançar, poderíamos nos questionar se existe necessidade de diferenciar estas duas produções conectivas. Acreditamos que estamos falando de graus e de sintonias diferentes.

As *emoções* têm uma franca expressão corporal, uma modalidade particular e individual (Primavera, 1992). E segundo alguns autores (Kemper, 1984), uma base fisiológica inata. Assim, o medo, a raiva, a alegria, a tristeza seriam emoções básicas que teriam um papel social, reforçando a coesão social e, especialmente, cumprindo funções de integração e de diferenciação inter e intragrupo (Páez e Asún, 1992). Por outro lado, posições construtivistas, como a de Gergen (1992), não acreditam nos "elementos biologicamente estáveis". Pois a emoção seria a expressão de uma cultura determinada, em última instância: uma união lingüística. Seria o discurso particular de uma cultura.

Gergen (1992:30) nos dá um exemplo interessante:

A antropóloga Michelle Rosaldo descreve que, no povo dos ilongot, ao norte das Filipinas, dois elementos fundamentais da psiqué humana do homen adulto são um estado que denominam *LIDGET*. É, mais ou menos, o que nós chamamos de 'energia', a 'ira' e a 'paixão'. Porém, esse estado não se identifica com nenhum dos nossos termos, nem corresponde a uma possível combinação entre eles (...) É um sentimento masculino, e (...) é difícil de imaginar. Possuído pelo LIDGET, um jovem ilongot pode começar a chorar, ou pôr-se a cantar, ou expressar mau humor, (...) é possível que rejeite certos alimentos, que dê facadas nos cestos, ou derrame água, ou lance gritos furiosos (...) Quando o LIDGET chega a seu apogeu, se verá compelido a cortar a cabeça de um nativo da tribo vizinha. Logo, (...) ele tem se transformado e é capaz de transformar aos outros, sua energia aumenta, sente desejo de sexo, adquire um sentimento básico de seus conhecimentos (...) É difícil imaginar que este seria um sentimento básico que subjaz adormecido sob a capa da civilização. Mas parece ser uma construção própria da cultura dos ilongot (...)

Sem dúvida as emoções põem em marcha toda uma "ativação fisiológica generalizada, porém isto não prova que existiriam emoções biologicamente determinadas. Existem expressões corporais, sinais analógicos que são lidos em cada cultura, decodificados como expressões emocionais específicas. A tensão arterial, o ritmo cardíaco, o rubor no rosto, por exemplo, podem ser sinais de uma ebulição emocional, porém sempre serão lidos e atuados conforme o contexto cultural em que ocorrem.

As emoções serão sentimentos mais débeis, pressionados pelos acontecimentos e pelas ansiedades que se acumulam durante o transcorrer da convivência grupai. Requerem um constante esvaziamento ou expressão. Mas esta possibilidade estará normatizada pela organização grupai.

As emoções que permitem a união intragrupal também são uma ameaça para sua existência. Porque se a sua expressão tem o objetivo catártico de esvaziar o grupo das tensões que ameaçam implodi-lo, ao mesmo tempo, expressar as emoções tem um caráter desestruturador, dissociador. Elas irrompem perturbando o habitual fluir das relações, colocando em perigo a sobrevivência psíquica individual e grupai. Perigo que será ampliado, contornado ou neutralizado de acordo com o *Mito das Emoções:* quer dizer, com as fantasias coletivas — tanto as especificamente grupais, quanto as culturais — que produzem significações capazes de dirigir as emoções para uma saída, mais ou menos honrosa, estruturando as estratégias de expressão ou de repressão. Se a *Ideologia das Emoções* comporta o lado racional (ou racionalizado) destas estratégias, o Mito comporta seu lado mais inconsciente, coletivo, visceral. Pode ser claro para um grupo que as emoções devem ser expressas, porém, ao mesmo tempo, elas ou algumas delas podem tornar-se um tabu para seus membros. Assim, uma explosão emocional como um choro, por exemplo, depois de uma reprimenda ou uma discussão, pode criar um alívio passageiro, porém, mais tarde, pode deixar um rastro de culpa pela sensação de ter "manchado" a imagem. Seja a própria, seja a alheia.

Estudando grupos que tinham uma ideologia alternativa, libertária, em que a expressão da subjetividade não era somente permitida mas, também, estimulada, constatamos que as expressões de tristeza e de angústia tendiam a ser generalizadas. Transitava-se do singular para o plural como uma forma de manejar um sentimento que, racionalmente, aceitava-se, sendo, porém, miticamente ameaçador. E, portanto, devia ser, rapidamente, exorcizado através do choro coletivo.

O *Poder da Emoção* reside, então, no peso que lhe será outorgado como a capacidade de destruição, de desestruturação ou de alívio. E, a partir daí, veremos que tipo de estratégias deverão ser arquitetadas para dar conta disso.

O *Afeto,* por outro lado, compreende todo um amplo espectro de sentimentos associados às histórias das relações. Estrutura os entrelaçamentos das subjetividades pessoais, sejam as atitudes solidárias, as antipatias, os enfrentamentos, as lealdades, ou as oposições.

O *Poder do Afeto* reside na capacidade pragmática que têm os sentimentos afetivos. É a possibilidade de determinar, por meio do afeto, as ações, as condutas, os pensamentos que se terá diante desta ou daquela pessoa. Pensemos como as alianças político-partidárias tentam, freqüentemente, ser seladas por meio do casamento. Tornar-se parente de alguém obriga uma pessoa a ir além da razão e das idéias. Não é a cabeça que está presa, é o coração. Interessante armadilha onde o Poder no Afeto retroage e se converte em Poder do Afeto.

O grau de afetividade e seu signo, positivo ou negativo, são constantemente reforçados ou debilitados pelas vicissitudes da convivência. As histórias intra ou extra grupo podem consolidar ou enfraquecer relações anteriores ou paralelas à experiência grupai. Entretanto, o verdadeiro peso dos afetos se dá quando este traça hierarquias internas, que poderão, ou não, chegar a formalizar-se, porém, sem dúvida, determinam subdivisões no patrimônio afetivo do grupo. Quando, por exemplo, uma pessoa, por amizade, é privilegiada para ocupar um lugar ou um cargo, as suas capacidades podem ser deixadas para racionalizações posteriores.

Não podemos esquecer que delimitar lugares de confiança, e portanto de menor confiança ou desconfiança, reterritorializa um grupo. Demarca novas fronteiras, distribui novos espaços, lugares de privilégio, centros e periferias.

Qual é o *Poder do Afeto* sobre as ações? É óbvio que as lealdades devem ser defendidas a todo custo; isso pode significar que os discursos e as decisões não estão livres de compromissos afetivos. Como diz o ditado: "Para os amigos: tudo, para os inimigos: a lei".

Ao mesmo tempo e independentemente de estabelecer zonas de privilégios, a interdependência grupai criou *ritos de deferência*. Formas de demonstrar respeito e cuidados em relação aos outros. Normas que levam em consideração os sentimentos recíprocos.

Como diria Goffman (1970), há que proteger a "cara" do outro[1]. E a palavra *cara* é extremamente útil para exemplificar uma certa ritualização dos contatos humanos. Nos grupos a proteção da *cara* do outro cria mecanismos de reparação. E seja para adequar-se a uma domesticação dos sentimentos, seja por medo da concretização de fantasias inconscientes de destruição ou de vingança, todos os grupos acabam por desenvolver algum tipo ritualizado de cuidado dos sentimentos alheios.

Devemos acrescentar a isto a combinação entre normas de respeito a si próprio e a consideração e prestígio adquiridos no grupo. É provável que quanto mais poder — formal e especialmente informal —

---

1. A idéia de *cara* como sinônimo de máscara social está presente num grande número de frases populares como: "romper-lhe a cara", "cair a cara de vergonha", "tem que dar a cara", "deu com a cara no chão", "quebrou a cara"...

possui uma pessoa, mais provável é que sejam levados em consideração seus sentimentos.

A possibilidade de justificar os erros ou o mal-estar causado por alguém será neutralizada em função deste poder. Ou seja, esta capacidade de imprimir um certo sentido ao livre curso dos acontecimentos existirá como "mecanismos de conservação" para que certos membros não se afastem ou se zanguem. E, ao mesmo tempo, em contrapartida, existirão movimentos de segregação e de exclusão em relação àquelas pessoas que, por diversos motivos — e entre eles o de ter menos aliados no grupo —, forem alvo de raivas e rejeição. Até o ponto que podem chegar a ser, mais ou menos, sutilmente expulsos do grupo.

É interessante ver como este compartir afetivo é decisivo na vida dos grupos. A criação do vínculo afetivo leva tempo. Quer dizer, é necessário compartir história para que os laços afetivos se solidifiquem. Às vezes esta solidificação é tão forte que a entrada dos novos membros é sentida como uma enorme ameaça à organização afetiva já instalada. E não tanto porque os "novos" pensem diferente, como se pode argumentar, senão porque eles poderão disputar espaços e privilégios afetivos que já estão distribuídos.

Entretanto, é necessário mencionar outro enlaçamento possível, não já entre os membros do grupo, senão em relação à tarefa ou objetivo a ser cumprido. Também aqui existe um investimento afetivo que deve ser cuidado. A energia que se coloca a serviço de cumprir uma tarefa não provém somente de ideais, de pensamentos ou de intenções conscientes, existe um forte envolvimento emocional na realização das tarefas grupais. E é a intensidade deste investimento que pode dar um enorme impulso às ações. Porém, ao mesmo tempo, é, sem dúvida, a que pode impedir as mudanças necessárias no caminho para alcançar o objetivo.

Uma outra forma de ver como os afetos se organizam num grupo é analisá-los por meio da categoria da Ideologia. Através desta, perguntamo-nos: como são significados nos discursos os sentimentos afetivos? Como se expressam, ou em que canais, ou quais são os sentimentos que deverão ser estimulados e quais não?

Pois se os afetos tornam as relações possíveis e desejáveis, também as tarefas formais estarão impregnadas desta significação. Exemplo disto é aquele que encontramos nos grupos de ideologias alternativas (feministas, ecologistas, homossexuais), onde as expressões de afeto, solidariedade, amizade, ou uma atitude confessional dos sentimentos são estimuladas a percorrer todos os membros e impregnar todas as ações.

Esta categoria está estreitamente associada aos mitos que os afetos trazem. O *Mito do Afeto* tem o grande poder de estabelecer certos pressupostos que são raramente colocados em dúvida, são mais inconscientes e, geralmente, são racionalizados através de frases como: "As mulheres são mais carinhosas"; "Os homossexuais são mais sensí-

As emoções no interjogo grupal 155

veis"; "As mulheres são mais compreensivas"; "Ser agressivo é ruim", etc. São narrativas que se infiltram no meio dos discursos racionais na tentativa de defender alguma linha de pensamento ou de ação. Elas trabalham na organização dos afetos de uma maneira mais visceral, quase sem perceber. E podem ser tanto coerentes como contraditórias aos mandamentos ideológicos. É destas correspondências ou destes antagonismos que poderão surgir alianças ou rivalidades difíceis de manejar.

Concluindo, quando dizemos que um grupo é mais do que a soma dos indivíduos e ao mesmo tempo que é menos, referimo-nos ao fato de que uma pessoa dentro de um grupo tem a oportunidade de lançar-se em relações em número e intensidade maior que no caso de estar só; porém, ao mesmo tempo, sofre limitações que a impedirão de ser e de viver todas as suas possibilidades individuais.

Sua singularidade estará restringida e, paralelamente, potencializada pelo interjogo relacionai vivido com os outros.

E é neste lugar onde as virtualidades afetivas se efetivarão ou não. É onde os afetos têm mandatos que ordenam, organizam a grupalidade e, ao mesmo tempo, se alimentam da desordem, produzida pelas emoções. Podem auxiliar na emergência de novos processos ou intervir na repetição das mesmas dificuldades. Assim como, também, os laços afetivos podem impedir que as emoções arrastem os membros para um mal-estar destrutivo criando sentimentos de reparação e de cuidados mútuos.

Paralelamente, os vínculos emocionais e afetivos proporcionam um trânsito entre dependências internas e autonomias extragrupo. Porém, serão autonomias sempre negociadas e reacondicionadas, porque apesar de parecerem antagônicas, as relações de oposição são estreitamente complementares. Umas remetem-se às outras. E a própria autonomia interage com a dependência ao meio, com o qual deve trocar informações, ações e relações para poder existir.

Resumindo, poderíamos dizer que o tecido formado pelos afetos e pelas emoções, disposto segundo a padronagem dada pelas ideologias, os mitos e as distribuições de poder, cria nos grupos um interessante desenho de linhas onde os nós são tão responsáveis pelo produto final, quanto seus buracos.

Bibliografia

GERGEN, K. (1992). *El yo saturado.* Barcelona, Baidós.
GOFFMAN, E. (1970). *Ritual de la interación.* Buenos Aires, Ed. Tiempo Contemporáneo.
KEMPER, T. D. (1984). "Power, status and emotions". In: SHERER, K. & EKMAN, P. *Approches to Emotions,* Hillsdale, Ed. L. Erlbaum.
MATURANA, H. (1984). *Autopoiesisy conocimiento de lo social.* Buenos Aires, Fichas: Ed. CEA.

MORIN, E. (1980). *O método I*. Lisboa, Publicações Europa-América.
_____ (1985). *O problema epistemológico da complexidade*. Lisboa, Publicações Europa-América. (1990). *O método III*. Lisboa, Publicações Europa-América.
PÁEZ, D. e ASSÚN, D. (1992). *Clima emocional, estado de ánimo y conducta colectiva: el caso Chile 1973-1990*. Comunicación al Congreso Ibero-americano, Madrid.
PRIMAVERA, H. (1992). *Diseño ontológico, discurso y prácticas terapêuticas*. Buenos Aires, Apuntes INTERFAS.

DIMENSÃO ÉTICO-AFETIVA
DO ADOECER DA CLASSE TRABALHADORA

BADER BURIHAN SAWAIA

O presente texto faz uma reflexão da dimensão ético-afetiva do processo saúde-doença, a partir do referencial da Psicologia Social Comunitária, que no meu entender é um dos raros eixos teórico-metodológicos orientado, explicitamente, por pressupostos éticos, práxis científica comprometida com a emancipação humana.

Por que a ênfase na dimensão ético-afetiva do adoecer e qual seu significado no contexto desta reflexão?

Saúde é um fenômeno complexo e não basta a ampliação do enfoque biológico, no sentido de abranger o psicológico e o social, como variáveis, para superar a dicotomia mente-corpo instalada por Descartes. Saúde é uma questão eminentemente sócio-histórica e, portanto, ética, pois é um processo da ordem da convivência social e da vivência pessoal. Em quase todas as doenças encontram-se relações curiosas entre o que se passa na cabeça das pessoas e a evolução de sua doença física.

Isto significa que é preciso colocar no centro da reflexão sobre o adoecer a idéia de humanidade e, como temática, o indivíduo e a maneira pela qual ele se relaciona consigo mesmo e com o mundo social a que pertence (grupos, família, comunidade, sociedade mais ampla), compreendendo: como ser de razão que trabalha, como ser ético que compartilha e se comunica, como ser afetivo que experimenta e gera prazer e como ser biológico que se abriga, se alimenta e se reproduz, com um corpo que, além de ser determinado pelo universalismo do biológico, é antes uma realidade simbólica.

Promover a saúde equivale a condenar todas as formas de conduta que violentam o corpo, o sentimento e a razão humana gerando, conseqüentemente, a servidão e a heteronomia. Segundo Betinho, coordenador da atual Campanha contra a Fome no Brasil: "O brasileiro tem fome de ética e passa fome por falta de ética".

Por isso, no âmbito desta reflexão, retoma-se o conceito de "sofrimento psicossocial[1]", apresentado no capítulo 3 da 1ª parte, para analisá-lo à luz de uma pesquisa participante realizada em uma favela da cidade de São Paulo, onde o referido conceito apareceu, metaforicamente denominado "tempo de morrer".[2]

A pesquisa tinha como objetivo analisar o processo da consciência das mulheres que viviam em condições subumanas e sofriam o desprezo público, sendo discriminadas como o rebotalho da classe trabalhadora, um aglomerado sujo, preguiçoso, incapaz de perceber o próprio sofrimento, sendo, por isso, quase impossível acordá-las de seu torpor. Mas essas mulheres surpreenderam a sociedade ao organizarem e participarem de movimentos que conseguiram promover, apesar de restritas, mudanças na atitude do poder público municipal em relação à favela.

A análise da consciência revelou o processo psicossocial através do qual as mulheres são atingidas tanto na sua integridade física quanto psíquica e que não há possibilidade de dizer que danos físicos causam mais sofrimento que danos mentais e, portanto, sejam mais relevantes no processo saúde-doença.

Desde pequenas, essas mulheres sofrem a falta de amparo externo real (falta de controle absoluto sobre o que ocorre) e a falta de amparo subjetivo (falta de recursos emocionais para agir). Adquiriram, nas relações sociais cotidianas, a certeza da impossibilidade de conquistar o objetivo desejado e desenvolveram a consciência de que nada podem fazer para melhorar seu estado. Desde cedo, aprenderam que lutar e enfrentar é um processo infrutífero e, as que ousaram, receberam como prêmio mais sofrimento.

Assim, o pensar descolou-se do fazer e tornou-se sinônimo de tristeza e medo. Para elas, pensar é sofrer, é tomar conhecimento da dor e da miséria, e o agir é infrutífero. São mulheres submetidas à "disciplina da fome" (Dejours, 1988), têm o tempo todo tomado pela luta incessante para a manutenção da vida, sem o conseguir dignamente. O trabalho estafante redunda em nada para elas e para os filhos. Um trabalho que deixa um gosto amargo na boca.

Para referirem-se a este estado subjetivo e objetivo que foi descrito, as mulheres faveladas usam a expressão "tempo de morrer" em contraposição ao "tempo de viver", recorrendo a uma marcação temporal afetiva para dividirem suas histórias de vida e assim redistribuírem, emocionalmente, diferentes parcelas do tempo biológico e cronológico.

1. Sofrimento psicossocial é aqui entendido como sintoma de uma das carências mais profundas da modernidade: não saber conviver com a diferença, não reconhecer que nossa integridade depende da integridade alheia, permitindo que o conflito atinja o ponto de ameaçar a sobrevivência de todos. (José Gianotti. *Folha de S. Paulo,* 10.10.1993. Tendências e Debates)
2. Mais uma expressão que se soma às citadas no capítulo 3, p. 50-51, para referir-se ao sofrimento psicossocial, como zero afetivo, servidão voluntária, desamparo, doença dos nervos, alienação.

Em todos os relatos, o tempo de morrer é um tempo na voz passiva. Nele as pessoas não têm poder nenhum sobre si e sobre os acontecimentos. A imagem mais usada para descrevê-lo é a de prisão, cujas grades são as relações que compõem o cotidiano das pessoas que a representam.

O "tempo de morrer" é caracterizado pela falta de recursos emocionais, de força para agir e pensar e pelo desânimo em relação à própria competência. É um auto-abandono aos próprios recursos internos, e a consciência de que nada se pode fazer para melhorar seu estado. É a cristalização da angústia.

O comportamento emocional que caracteriza o tempo de morrer pode ser definido como um estado letárgico de apatia, que vai ocupando o lugar das emoções até anulá-las totalmente, um estado de tristeza passiva que transforma o mundo numa realidade afetivamente neutra, reduzindo o indivíduo ao "zero afetivo" (Sartre, 1965:60) e ativo.

No "tempo de morrer", o sofrimento é a vivência depressiva que condensa os sentimentos de indignidade, inutilidade e desqualificação. Ele é dominado pelo cansaço que se origina dos esforços musculares e da paralisação da imaginação e do adormecimento intelectual necessário à realização de um trabalho sem sentido e que não cumpre sua função de evitar a fome.

Para a maioria delas, o início da vida não coincide com o momento do nascimento, mas com o início do "tempo de viver" que é a superação do "tempo de morrer", ao qual estão aprisionadas desde o nascimento.

"Tempo de viver" é o tempo de agir com mais coragem e audácia, é tempo em que se despertam as emoções, quer sejam elas positivas ou negativas.

O "tempo de viver" não se confunde com o viver bem, ele é um tempo de convite à vida, mesmo sendo uma vida sofrida. E o momento da transformação das relações objetivas que aprisionam as emoções, a aprendizagem, a humanidade e a sensação de impotência se transforma em energia e força para lutar. Tempo de viver não é o tempo do desaparecimento da angústia, aliás nunca se chega a isto. Trata-se de tornar possível a luta contra ela, para resolvê-la, e ir em direção a outra angústia. (Dejours, 1986)

A passagem do tempo de morrer para o tempo de viver não é dada por um acontecimento ou por uma mudança de atividade. Estes fatos podem colaborar, mas o fundamental é a mudança na relação entre o ser e o mundo, é o restabelecimento do nexo psico/fisiológico/social superando a cisão entre o pensar/sentir/agir.

Para que ocorresse essa transição na vida das mulheres faveladas foi preciso um princípio de força, que elas encontraram nas atividades a que se dedicaram: nas aulas de artesanato na Associação dos Moradores, e nos movimentos reivindicatórios. Uma vez vislumbrado esse princípio de força, liberam-se as emoções e o desejo. A sensação de impotência pode repentinamente se transformar em energia e força de luta.

Para exemplificar estas reflexões passo a relatar um dos momentos mais importantes da pesquisa, ocorrido durante as aulas de artesanato. Antes, porém, é necessário explicar por que a pesquisa ofereceu um curso de artesanato às mulheres da favela em estudo.

Após três meses de contatos semanais, formou-se um grupo de mulheres que passou a se reunir semanalmente na favela para discutir temas sobre corpo, sexualidade, participação nos movimentos sociais, visando o desenvolvimento de uma consciência crítica capaz de possibilitar a prática política transformadora. Após um mês de reuniões semanais, descobriu-se algo que alterou o rumo da pesquisa. As mulheres não precisavam de um grupo de reflexão para discutir criticamente seu cotidiano, mas de uma atividade que lhes possibilitasse passar de uma atitude resignada para uma postura de enfrentamento e de ação. Além disso, são mulheres que passam fome. Para enfrentar essas duas carências, a falta de força e a fome, surgiu a idéia da produção e comercialização de artesanato. Proposta essa que encontrou apoio no pressuposto teórico de que a consciência não é autônoma, e que é no seu encadeamento com as condições materiais de existência que se vislumbram possibilidades de saltos qualitativos.

O curso começou com uma atividade fácil de ser assimilada e executada, mas, ao mesmo tempo, capaz de produzir efeito rápido e bonito (mesmo quando executada sem muita habilidade) — a pintura em tecido. Essa técnica foi usada para a confecção de panos de prato, por serem de fácil comercialização, sendo seu comprador nada exigente quanto à perfeição e detalhes da confecção.

O dinheiro da venda dos panos de prato foi distribuído no início entre as produtoras, de acordo com o trabalho produzido, e não empregado, como havia sido previsto, na compra de novos materiais.

Assim elas teriam rapidamente *o feedback* do esforço despendido, em nível subjetivo e, objetivamente, na realização do trabalho.

As primeiras aulas foram um sucesso.

A pintura em tecido, além de ter sido aprendida com muita facilidade, estimulou a criatividade e a disposição para o trabalho.

Após momentos de hesitação e dúvidas sobre a própria capacidade de aprender, mergulharam com incrível concentração na nova atividade, até não sentirem o tempo passar. Após três horas de trabalho, reclamavam que ainda era cedo para terminar, apesar de saberem que em suas casas havia uma quantidade enorme de tarefas à espera. Elas estavam maravilhadas com o que conseguiam fazer. Inventavam riscos diferentes. Os filhos e o companheiro começaram a se interessar pelo que elas faziam e pela possibilidade de se ganhar um "dinheirinho" vendendo os panos de prato em bazares e bingos.

Todas as semanas traziam os trabalhos feitos em casa, demonstrando a preocupação de sempre apresentar uma novidade — "Vou caprichar para meu marido achar ainda mais bonito do que o da semana passada".

Dimensão ético-afetivo do adoecer da classe trabalhadora 161

A idéia era de aumentar gradativamente a complexibilidade das tarefas, para que fossem se sentindo capazes de aprender e superar as dificuldades, e sempre estimulando a criatividade.

Para diversificar a produção e evitar a repetição cansativa e monótona das mesmas peças, foi proposta a confecção de bonecas de pano estilizadas, a serem utilizadas como sachê. O corpo era reto, sem marcar os braços e as pernas para facilitar a execução. Os moldes foram distribuídos e ensinou-se a pintura do rosto. As mulheres ficaram de apresentar algumas bonecas-sachê prontas na semana seguinte.

Qual não foi a minha surpresa!

Algumas das alunas, além das estilizadas bonecas-sachê, trouxeram bonecas lindas, de corpo estruturado, com braços, pernas e mãos, formando casais de noivos, bailarinos, confeccionadas com tecido brilhante e cheias de arroz.

> As bonecas de Bader não tinham braços, as pernas eram iguais a minhocas, veja esta Bader. (Marinalva)

Elas estavam eufóricas, chegaram todas juntas, ansiosas por mostrar as bonecas, prevendo o impacto que causariam. Contaram que, ao confeccionar as bonecas a partir do molde que eu indicara, lembraram-se daquelas que suas mães e avós faziam para elas brincarem quando crianças. Tiveram vontade de reproduzi-las, para mostrar a mim e aos filhos.

> Lá, no Norte, as mães fazem bonecas para as crianças. Elas ficam loucas de alegria.

Interessante é que até aquele momento elas não haviam sequer lembrado dessas bonecas para fazer aos seus filhos e, mais, nem ao menos tinham idéia de que sabiam fazê-las.

Esse foi um momento crucial para o grupo. O momento simbólico da independência das artesãs frente à minha tutelagem, e de recuperação do significado pessoal do criar na produção.

As mulheres artesãs começavam a adquirir o domínio intelectual do que suas mãos faziam e, naquele momento, puderam contemplar-se no que criavam, sem se sujeitar a um poder externo e privado do sentido da sua própria atividade. Começaram a criar de forma independente, o que estimulou a memória, articulou o passado e o presente, ressuscitando emoções escondidas.

O trabalho passou a exigir uma participação ativa da inteligência, da fantasia e da emoção.

Ao se apropriarem do ato da produção, algumas se deslumbraram como se estivessem despertando para a vida.

> Eu perdi o sono. Antes eu dormia muito, vivia cansada. Agora passo a noite na máquina de costura. Eu era uma tristeza. Eu ia fazer, e não sabia...

Agora quero aprender a fazer tudo. Trabalhar, estudar, tomar conta da casa, criar os filhos. Não canso, não tenho canseira.

Eu era uma tristeza. Eu ia fazer, não sabia. Não que eu não quisesse. Não tinha paciência de fazer, ia fazendo, fazendo, não dava certo. Jogava para lá. Não queria pegar mais. Agora não, eu vou fazer, se não tenho paciência, aí encosto no canto. Depois vou lá, de novo, torno a pegar. Assim vou fazendo. Primeiro eu rasgava logo. Alguém falava: faz este trabalho aqui, eu não fazia não. Eu pegava o trabalho, errava, rasgava, jogava. Depois me interessei. Não sei, não tinha o costume. Às vezes, não se tem o costume. Depois pega-se o costume. Sabe que tem de fazer mesmo, sabe que sabe fazer e pode chegar ao fim.

Eu fiquei um pouco mais inteligente com os cursos da favela. Isso é importante na vida da gente. Eu não sabia fazer nada, nada, sabe o que é nada mesmo? Depois que entrei lá, aprendi muita coisa. Virei outra mulher. Não sou mais aquela mulher que era, sou mais um pouco inteligente. Antes eu tinha vergonha de tudo, até de trabalhar em casa de família, achava que não ia fazer serviço direito. Tinha vergonha de entrar em supermercado. Depois fui mudando, você mesma gostava do que a gente fazia, achava até que a gente era inteligente. Passei até a ter coragem para trabalhar.

Enfim, as falas e ações das mulheres faveladas, participantes de Movimentos Sociais, apontam com insistência a dimensão ético-afetivo do processo saúde-doença: numa concepção próxima às reflexões de Dejours (1986) e de Spinoza (1957) em sua obra *Ética, postulado 1.*

— *Saúde* é liberdade de movimento do corpo e da mente, ao contrário de doença que "é a fixação, de modo rígido, dos estados físicos e mentais". (Dejours, 1986)

— *Saúde* é a possibilidade de ter esperança e potencializar esta esperança em ação.

— *Adoecer* é a diminuição da potência de agir numa concepção. Spinoza afirma, na *Ética, postulado 1,* que o corpo humano pode ser afetado de inúmeras maneiras pelas quais sua potência de agir é aumentada ou diminuída. (Spinoza, 1957)

Essas mulheres demonstram que ao adoecer a pessoa é atingida em sua integridade física e psíquica, e não se pode dizer qual causa mais sofrimento ou é mais relevante. O impacto psíquico desestrutura o físico e vice-versa. Mas o que elas salientam é que um media o outro e ambos são mediados pela "humanidade como idéia suprema de valor".

As necessidades fundamentais ao desenvolvimento do homem no sentido de alcançar a plenitude da condição humana são: o pensar, o agir, o imaginar e o amor. (Heller, 1978:10) Desta forma, o direito à saúde é o direito à satisfação de todas essas necessidades sem sobreposição de uma sobre a outra e o bem-estar. Bem-estar psicossocial é a liberdade que é deixada ao desejo de cada um na organização de sua vida individual, compreendendo que este desejo está inexoravelmente ligado ao dos outros e que, portanto, esta ação é coletiva.

Saúde não é doença, ou estado pleno de felicidade e bem-estar. As mulheres faveladas demonstram que a saúde não consiste em não ter angústia e depressão, mas em ser saudável, embora angustiado. Trata-se de tornar possível a luta contra a angústia e não de aprisioná-la ou eliminá-la, adquirindo forças para ir em direção a outra angústia, embora saibam que existem obstáculos muito fortes impedindo, muitas vezes, esse processo de vida. Por isso, elas distinguem formas diferentes de angústia: a "angústia-desamparo", gerada pela incapacidade de superar a miséria, apesar dos extenuantes esforços, a qual se transforma em angústia cristalizada que é diferente da angústia pelo insucesso da luta na militância sindical que impulsiona novas ações. Ou, conforme elas próprias afirmam, a angústia do "tempo de morrer" é diferente da angústia do "tempo de viver", quando os conteúdos emocionais reprimidos podem ser ativados de maneira explosiva, ao sentirem a possibilidade da ação antes bloqueada.

Vejamos uma fala da presidente da Associação dos Moradores da favela:

> Eu fiquei com um problema sério de saúde, tinha ataques constantemente. Comecei a fazer um tratamento com o psiquiatra, que me aconselhou: 'Você não pode ficar parada em cima de seus problemas, em cima das coisas. Você assuma a comunidade, o espaço diminuto que você tiver para a comunidade; se você puder ajudar, ajuda. Você está com o povo, você não está pensando'. Aí eu comecei a pegar uma coisa, pegar outra. Hoje eu trabalho para a favela, isso me distrai, eu gosto. E estou para lá, e para cá, tudo bem. Faço coisa boa, brigo. Chego em casa estou pensando. São os nervos. Estou deitada, barulho dos lados, vou ficando nervosa.

A vice-presidente revela, se bem que de forma indireta, que a "doença" que a consumira por tantos anos desapareceu, após sua participação nas atividades coletivas da favela. Ela conta que sempre foi doente na infância e continuou assim após casada, quando morava no interior. Tomou muito remédio que de nada adiantou. Alguns médicos disseram que era nervosismo. Algum tempo depois de mudar-se para a favela, ela sarou: "Não penso mais na doença. Agora só ajudo a doença dos outros".

Em resumo, o que se pretende enfatizar neste artigo é que, na promoção da saúde, não basta, apenas, ministrar medicamentos ou ensinar novos conhecimentos e padrões comportamentais. É preciso atuar nas necessidades e emoções que medeiam tais conhecimentos e práticas, isto é, na base afetivo-volitiva do comportamento.

Negar o sofrimento psicossocial é negar a negação de cidadania, para isso não basta a capacitação, é necessário a motivação para a cidadania que não é unicamente, racional/cognitiva, mas também afetiva/ emocional.

Conhecimento, ação e afetividade são elementos de um mesmo processo, o de orientar a relação do homem com o mundo e com o outro.

Sentir é estar implicado (Heller, 1979), é avaliar o significado dos objetos e das pessoas, aproximando-se ou afastando-se dos mesmos. Portanto, os sentimentos são orientadores da vida cotidiana, eles guiam os contatos humanos, ao mesmo tempo em que são orientados por estes. Eles não são pulsões naturais e nem funções unicamente orgânicas e biológicas universais, são representações sociais que, além da singularidade, expressam determinações sociais complexas, como por exemplo: a capacidade da mulher para a maternagem está relacionada às gratificações que retira desse papel, que, por sua vez, estão relacionadas ao rol das relações aprendidas, normalmente, como no amor aos filhos.

Antes que estas reflexões sobre emoção sejam interpretadas, falsamente, como apologia do irracional ou que a felicidade e a liberdade residem, apenas, no âmbito dos afetos, convém alertar que a saúde não se conquista com o despertar das emoções, simplesmente. Mesmo porque os sentimentos também são ideologizados e disciplinados socialmente. As emoções são mobilizações para que o social seja introjetado como operacionalidade cognitiva, como proibição de outros conteúdos. (Heller, 1979)

Cada momento histórico tem sentimentos dominantes (fator de estabilidade social), que são os sentimentos ideológicos apresentados como próprios da natureza humana, quando na verdade envolvem formas de exploração e dominação.

A ideologia autoritária é marcada pela rigidez com que explica o mundo, mas também pela mobilização de sentimentos como vergonha, medo e respeito à autoridade e até mesmo amor e devoção à autoridade.

Simone Weil aponta que o "escravo" substitui a idéia insuportável de obediência à coerção pela ilusão da devoção ao senhor: "a quem não posso perdoar, pois me faz mal já que esse mal me rebaixa e não posso lutar contra ele, cumpre pensar que ele não me rebaixa, mas revela meu verdadeiro nível". (Weil, 1993:177)

Dejours (1980:30) ao estudar a saúde do subproletariado compreendeu com clareza a relação entre pensamento, emoção e ação, ao analisar a vergonha como "ideologia defensiva". Ele percebeu que havia uma resistência muito grande em falar da própria doença e sofrimento pelo significado do ato vergonhoso que é, socialmente, atribuído a este comportamento. Eles faziam associação entre doença e vagabundagem. Estar doente significava interromper o trabalho profissional para os homens e o doméstico para as mulheres, o que equivale a ser irresponsável pelo cumprimento de seus papéis sociais dominantes.

Outro alerta é necessário quando se introduz a dimensão ético-afetiva no estudo do processo saúde-doença.

É preciso esclarecer que não se prioriza esta dimensão em detrimento das condições sociais e materiais. Simplesmente, considera-se que uma se transverte na outra, se transforma na outra e não existe sem a outra.

Ao definirem o "tempo de morrer", salientando a ausência de liberdade e a prisão em vez da falta de comida, as mulheres faveladas não estavam negando o papel da influência da desnutrição e das condições subumanas de habitação e saúde, bem como a necessidade de políticas sociais para eliminar a miséria material. Elas apontavam que essa política não será completa se não for acompanhada de ações capazes de superarem o desamparo, a heteronomia e a instrumentalização do homem, que enfraquecem através de diferentes formas o sistema energético vital.

Na verdade, a dimensão ético-valorativa é sócio-histórica e conseqüentemente político-econômica, tanto que o sofrimento psicossocial varia quantitativamente e qualitativamente, segundo o contexto social e, em cada um deles, segundo a classe social, o trabalho profissional, a idade e o gênero, bem como variam as ideologias defensivas que o acompanha.

Cabe ao psicólogo social estudar as diferentes manifestações do sofrimento psicossocial, desvelando os vários níveis de opressão e exclusão aos quais o indivíduo está sujeito, e como ele agüenta submeter-se às condições humilhantes e resiste a cada "miseriazinha". *É preciso* realizar pesquisas para conhecer a maneira como esse processo se objetiva no cotidiano e é vivido subjetivamente na forma de necessidade, motivação, emoção, pensamento, sonho, desejo, fantasia, representações, nos diferentes agentes sociais.

Inclusive, este tipo de estudo é importante para desfazer o mito de que o pobre não tem sutilezas psicológicas e age como um rebanho tangido por determinações sociais e pela fome, como se os segredos da subjetividade fossem próprios das pessoas mais abastadas e intelectualizadas. Todos somos personagens complexos no nosso desamparo.

Vários estudos já apontam direções para estas pesquisas, como os de Heller, 1985; Lasch, 1987; Costa, 1984; San Martin, 1990; Sennett, 1989; Dejours, 1986. Heller (1985) analisa a vergonha e a culpa como sentimentos ideológicos os quais, junto com o medo (Chauí, 1987), favorecem a subalternidade, fazendo com que o homem aceite a humilhação como natural e se deixe usar como instrumento, embora a ausência destes sentimentos não represente o caminho para a liberdade. Ela pode servir de alimento à corrupção, à exploração dos próprios pares e ao banditismo.

Lasch (1987) retrata os paradoxos da modernidade contemporânea que ele rotula de cultura do narcisismo, quais sejam: o enaltecimento das relações pessoais que cresce à medida que diminui a confiança nas soluções políticas e, ao mesmo tempo, escondendo o desencantamento com aquelas mesmas relações; a hegemonia das ideologias que estimulam a busca do prazer no momento em que este perde seu sabor, isto é, o desinteresse narcisista perante o mundo externo subjacente à demanda por gratificação imediata.

Sennett (1989:395) completa as reflexões anteriores ao refletir sobre o processo de publicação do privado e vice-versa, descrevendo as características do homem contemporâneo, a saber: hipocrisia, fruição imediatista do presente, substituição do ser pelo ter, melancolia, ódio de si mesmo, moderada depressão crônica e solidão pelo afogamento no eu.

Enfim, todos esses pensadores refletem sobre a diversidade das formas de objetivação e subjetivação da experiência da impotência/desamparo que dificulta a prática da solidariedade social e alimenta o "descompromisso social" (Costa, 1984:171), sem a qual sucumbiremos, cedo ou tarde.

O aprofundamento desses estudos, bem como a reflexão sobre práticas negadoras do sofrimento psicossocial colocam a necessidade de trabalhar *a, na,* e *com* a comunidade, tornando-a um sistema relacionai e um sentimento de pertencimento que se apresenta como forma de resistência contra a sociedade excludente, exploradora e competitiva. Desta forma, seu eixo identificador é composto pela noção de solidariedade, cidadania e alteridade e pela utopia do aparecimento de comunidades sociais livres e plurais, onde os homens discutem auto-nomamente e elaboram projetos de forma a cada um participar do poder. Trabalhar com comunidade é eleger a participação social como a estrutura de interação eticamente válida.

Comunidade é uma forma seletiva de lutar pela liberdade, pela autonomia e pela igualdade, fugindo do individualismo e do particularismo ético. Portanto, mais que espaço de ação, comunidade é uma perspectiva projetual de futuro que deve orientar a prática psicossocial na luta contra o sofrimento de viver, e é também uma perspectiva analítica que permite compreender e atuar contra a fixação, de modo rígido, em determinados comportamentos, pensamentos e sentimentos, impedindo o agir em prol do bem comum, mesmo quando este é essencial ao bem-estar individual e, inclusive, dirigindo rancores e maltratando o semelhante, pois ela sintetiza no particular as múltiplas determinações que envolvem, ao mesmo tempo, questões políticas, econômicas, psicológicas, ambientais...

A prática em comunidade atua, especialmente, no isolamento social, na convivência e na comunicação, dando existência social e individual às pessoas, trabalhando com o sentimento de ser útil a outros, de reconhecer o outro e a si mesmo como gente, através de lutas coletivas, sentidas como necessidades individuais. Seu grande trunfo é trabalhar no local em que se convive com os pares.

E, o que é mais importante, o seu procedimento participativo e centrado na ação-reflexão permite superar a dicotomia entre subjetivi-

Dimensão ético-afetivo do adoecer da classe trabalhadora   *167*

dade e objetividade e entre o pensar e o fazer, negando a visão reducionista-idealista de que a alienação é apenas a inconsciência da situação de opressão, mas é, também, a consciência da impotência frente à situação objetiva.

A frase mais reveladora do sofrimento psicossocial ouvida durante a pesquisa na favela foi a da vice-presidente da Associação de Moradores: "Bader, a gente tinha idéia, sabia que faltava água, luz, comida... mas não tinha força para lutar".

As mulheres faveladas demonstraram que só a revelação da pobreza e de seus nexos não altera uma situação real. O pensamento não é autônomo, descolado do empírico. É no seu encadeamento com as condições materiais de existência que se vislumbram possibilidades de saltos qualitativos, em direção à consciência crítica. Sem avançar a ação, gera-se uma forma de alienação, talvez mais perigosa, que separa a consciência da atividade e o pensar do fazer e do sentir. Mas não basta a ação avançar para que automaticamente a consciência se transforme. A ação tem de ser refletida e ser sentida para ser incorporada à subjetividade.

Consciência, atividade e afetividade se encadeiam e se determinam, reciprocamente.

Concluindo, estas reflexões não pretendem passar uma visão otimista, apesar de encerrar forte dose de utopia, como todas as análises orientadas pela esperança na emancipação humana.

O sofrimento psicossocial não pode ser eliminado, ele pode ser limitado e impedido de cristalizar-se. Não existe o paraíso na terra, mas podemos lutar por menos sofrimento e revitalizar o sistema vital de cada ser humano, através da ação em "comunidades heteróclitas".[3]

Trabalhar no local definidor da identidade social e individual, envolvendo o indivíduo e seus pares, como propõe a Psicologia Comunitária, pode ser um ato libertador da ditadura imposta sobre nossas necessidades, emoções e ações capaz de gerar inúmeras outras exclamações como a da presidente da Associação dos Moradores da favela, onde foi realizada a pesquisa:

Ah! Meu Deus, eu pensava que era só eu que sofria. Agora estou vendo outras pessoas que sofriam também, mas como é que ela começou a reagir, se eu nunca tive coragem? Agora, com tudo isso que me aconteceu, estou aprendendo.

Eu estava com um problema sério de saúde, tinha ataques constantemente. Comecei a fazer um tratamento e o psiquiatra me aconselhou. Assuma o espaço diminuto que você tem para a comunidade (...) Quando fico em casa estou pensando. São os nervos. Quando estou com o povo (...) Eu gosto, me distrai, brigo, faço coisas boas para todos nós. (Sawaia, 1987:132-178)

---

3. Expressão usada pela escritora Marguerite Duras em entrevista sobre racismo. *Revista da Folha,* 21.10.93.

Bibliografia

CHAUÍ, M. (1987). "Sobre o medo". In: CARDOSO, S. et alii. *Os sentidos da Paixão*. São Paulo, Companhia das Letras.

COSTA, J. F. (1989). *Psicanálise e contexto cultural: imaginário psicanalítico, grupos e psicoterapia*. Rio de Janeiro, Campus.

_____ (1984). *Violência e psicanálise*. Rio de Janeiro, Graal.

DEJOURS, C. (1986). "Por um novo conceito de saúde". In: *Revista Brasileira de Saúde Ocupacional*, 14(54), abril/maio/junho.

_____ (1988a). *A loucura do trabalho — estudo de psicopatolo gia do trabalho*. 3ª ed. São Paulo, Cortez.

_____ (1988b). *O corpo — entre a biologia e a psicanálise*. Porto Alegre, Artes Médicas.

_____ (1979). *Teoria de los sentimientos*. Barcelona, Editorial Fontamara.

HELLER, A. (1985). *The power of shame*. London, Routledge & Kegan Paul.

_____ (1987). *Sociologia de la vida cotidiana*. Barcelona, Edicio nes Península.

_____ (1983). *A cultura do narcisismo: a vida americana numa era de esperanças em declínio*. Rio de Janeiro, Imago.

_____ (1991). *Refúgio num mundo sem coração — a família: santuário ou instituição sitiada?* Rio de Janeiro, Paz e Terra.

LASCH, C. (1987). *O mínimo eu — sobrevivência psíquica em tempos difíceis*. 4ª ed. São Paulo, Brasiliense.

MARTINET, M. (1981). *Teoria das emoções — introdução à obra de Henri Wallon*. Lisboa, Moraes Editores.

ROUANET, S. P. (1993). *Mal-estar na modernidade*. São Paulo, Companhia das Letras.

SAN MARTIN, H. (1990). "La salud psicosocial: conceptualización en la realidad social de la América Latina". In: RIQUELME U., H. (ed.). *Buscando América Latina — identidad y participación psicosocial*. Caracas, Ed. Nueva Sociedad.

SPINOZA, B. (1957). *Ética*. 3ª ed. São Paulo, Aten Editora.

SAWAIA, B. B. (1987). *A consciência em construção no trabalho de construção da existência*. São Paulo, PUC-SP. Tese de doutorado em Psicologia Social.

SENNETT, R. (1989). *O declínio do homem público: as tiranias da intimidade*. 3ª ed. São Paulo, Companhia das Letras.

VIGOTSKI, L. S. (1989). *Pensamento e linguagem*. São Paulo, Martins Fontes.

_____ (1991). "La psique, la consciencia, el inconsciente". In: *Obras escogidas*, Madrid, Visor.

WEIL, S. (1993). *A gravidade e a graça*. São Paulo, Martins Fontes.

AUTORES

BADER BURIHAN SAWAIA

Doutora em Psicologia Social pela PUC-SP, professora do Programa de Pós-Graduação em Psicologia Social da PUC-SP e do Programa de Pós-Graduação da EEUSP; Chefe do Departamento de Sociologia da PUC-SP. Autora de artigos em Sociologia, Psicologia Social e Psicologia Comunitária, entre os quais: "Community Social Psychology", in: *Applied Social Psychology: an international review,* 1991; "Psicologia: ciência ou política?", in: *Acción y discurso,* Maritza Montero, (org.) Venezuela, Eduven, 1991; "Representação e ideologia — um encontro desfetichizado", in: *O conhecimento do cotidiano — as representações sociais na perspectiva do psicólogo social,* São Paulo, Brasiliense, 1993; "Cidadão, diversidade e comunidade: um reflexo psicossocial" in: *A cidadania em construção: um reflexo transdisciplinar,* São Paulo, Cortez, 1994.

SILVIA T. MAURER LANE

Doutora em Ciências Humanas pela PUC-SP e com estudos de Pós-Graduação na Universidade de Aixen-Provence, França. Foi vice-reitora da PUC-SP e coordenadora do Programa de Pós-Graduação em Psicologia Social. Publicou livros e artigos sobre Psicologia Social, dentre eles: *O que é Psicologia Social* 21ª ed., São Paulo, Brasiliense, 1994; *Psicologia Social. O homem em movimento 13ª* ed., São Paulo, Brasiliense, 1994; "Community Social Psychology", in: *Applied Social Psychology: an international review,* 1991; "Psicologia: ciência ou política?", in: *Acción y discurso,* Maritza Montero (org.), Venezuela, Eduven, 1991.

DENISE DE CAMARGO

Professora de Psicologia Social e Psicologia Escolar na Universidade Federal do Paraná. Mestre em Psicologia Social pela PUC-SP. Elaboração junto com o professor Luiz F. R. Bonin do currículo de Psicologia, do Curso de Magistério do Estado do Paraná.

IRAY CARONE

Professora assistente-doutora do Departamento de Aprendizagem, Desenvolvimento e Personalidade do Instituto de Psicologia da Universidade de São Paulo.

LUÍS GONZAGA MATTOS MONTEIRO

Psicólogo, mestre em Sociologia Política, doutorando em Psicologia Social na PUC-SP, professor do Centro de Arte (CEART) da Universidade do Estado de Santa Catarina (UDESC).

MARIA A. BANCHS

Escuela de Psicologia, Universidad Central de Venezuela.

MARITZA MONTERO

Psicóloga pela Universidad Central de Venezuela, Mestre em Psicologia pela Universidade Simón Bolívar (Venezuela) e doutora em Sociologia pela Universidade de Paris, Ecole des Hautes Etúdes em Sciences Sociales. Publicou diversos livros e artigos sobre psicologia social e psicologia política. Organizou os livros *Psicologia Política latinoamericana,* 1987 e *Acción y discurso — problemas de Psicologia Política en América Latina,* 1991. Atualmente é diretora de Pós-Graduação da Universidad Central de Venezuela.

MÓNICA HAYDÉE GALANO

Professora do Núcleo de Família e Comunidade, Departamento de Pós-Graduação em Psicologia Clínica, da PUC-SP.

SILVIA FRIEDMAN

Professora do Curso de Fonoaudiologia da PUC-SP. Mestrado e Doutorado em Psicologia Social pela PUC-SP. Fonoaudióloga clínica.